Code de droit canonique

Canon 66 « L'économie chrétienne, par conséquent, puisque c'est l'Alliance nouvelle et définitive, ne passera jamais; et aucune nouvelle révélation publique doit être prévu avant la manifestation glorieuse de notre Seigneur Jésus Christ.» Pourtant même si la révélation est achevée, elle n'est pas faite complètement explicite; Il restera à la foi Chrétienne d'en saisir graduellement toute la portée au cours des siècles.

Canon 67 Au cours des âges, il y a eu des soi-disant révélations 'privées', dont certaines ont été reconnues par l'autorité de l'église. Ils n'appartiennent pas, cependant, pour le dépôt de la foi. Leur rôle n'est pas d'améliorer ou compléter la révélation définitive du Christ, mais pour aider à vivre plus pleinement qu'elle à une certaine période de l'histoire. Guidé par le Magistère de l'église, le sensusfidelium sait discerner et accueillir dans ces révélations, tout ce qui constitue un appel authentique du Christ ou de ses saints à l'église.

La foi chrétienne ne peut pas accepter des « révélations » que la revendication de surpasser ou corriger la révélation dont Christ est la réalisation, comme c'est le cas dans certaines religions non-chrétiennes et aussi dans certaines sectes récentes qui se basent sur ces « révélations ».

Maria Valtorta:

Voici certains chapitres de cahiers de Maria Valtorta, le visionnaire crédité d'avoir l'impact le plus important dans notre compréhension de l'Évangile depuis les apôtres en ce qu'elle était le destinataire d'une série de révélations privées (1943-1951) directement à partir de notre Dieu Trinitaire et divers autres âmes bénis dont la mère de la Vierge, les apôtres John et Paul, Saint-Joseph, l'Angel Azariah et Beaucoup d'autres.

À 28 ans, Maria Valtorta s'offrit comme âme victime et pour 36 ans, elle enfanta indicibles souffrances corporelles et spirituelles au nom de sa collègue homme. Elle est décédée le 12 octobre 1961, âgée de 64 ans et fut enterrée à Varreggio, en Italie. Avec la permission de l'ecclésiastique, ses restes ont été transférés à la dellaSantissima Annunziata de Firene à Florence, dans la chapelle du Grand Cloître

Ces « novelettes » sont des sélections des dictées par sujet, pour une étude plus facile, avec les éditions mineures pour supprimer le commentaire de la directive qui ne faisait pas partie de la vision initiale ou la dictée et, le cas échéant, également grammatical édition pour lisser les erreurs de traduction, sans modifier ni interpréter en quelque sorte, le contenu reçu dans les visions et les dictées eux-mêmes, sauf peut-être sans le savoir grâce à des erreurs de traduction. Étant donné que ces visions et dictées visent à aborder les problèmes qui ont affecté l'humanité depuis la nuit des temps et sont aussi pertinents aujourd'hui qu'ils être millénaires de maintenant et jusqu'à la fin des temps, les renvois, afin de favoriser la compréhension, tentera de divers points dans les textes dans le contexte des événements se déroulant dans le monde à l'époque les dictées a eu lieu d'ancrage.

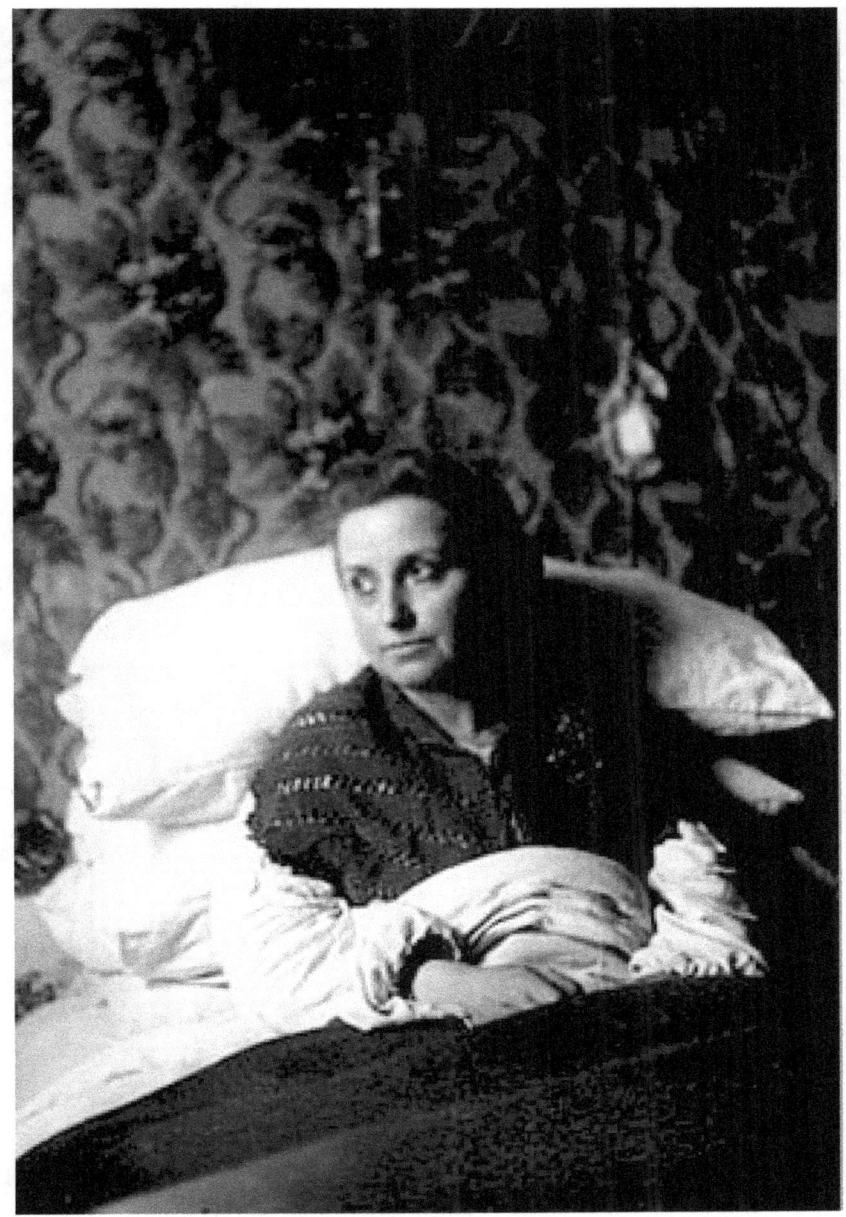

Don DolindoRuotolo, prêtre:

Père DolindoRuotolo, né à Naples, le 6 octobre 1882, la veille de la fête de la Vierge du Rosaire – mourut, à Naples le 19 novembre 1070 ; Prêtre catholique italien, Tertiaire franciscaine et vénéré comme un serviteur de Dieu par l'église catholique. .» Considéré par beaucoup comme un maître de la spiritualité napolitaine dans l'église catholique, il a été enterré dans l'église de « San Giuseppe deiNudi ». La cause de canonisation est présentement en cours.

Même dans la vie, il était célèbre pour sa sainteté. Padre Pio de Pietrelcina est connu pour avoir dit de lui aux pèlerins de Naples : « Pourquoi venez-vous ici, si vous avez Don Dolindo à Naples ? Aller à lui, c'est un saint ! »

Dolindo était un scribe et un porte-parole de l'Esprit-Saint, connaissance et sagesse infusé par dessus, un frère capucin Thaumaturge aucune importance moindre que Padre Pio de Pietrelcina,, stigmatisée au nom du Christ, un fils d'honneur de la Vierge, qui a été initié à la connaissance et la sagesse des écritures, un serviteur fidèle qui voulait être humilié devant le Christ et avant tout un agent de Dieu au milieu de la population.

Tandis qu'un jeune homme, il reposa son regard sur l'image de la Vierge et médité sur le déséquilibre entre l'obligation qu'il avait entreprises et ses talents naturels, qui n'étaient pas si brillant. Il se sentait indigne et donc comme un jeune candidat pour le grand bureau du sacerdoce, il se tourna vers sa mère céleste et prié dans son cœur : « si c'est votre souhait, que j'ai devenir prêtre de Dieu, laissez les trésors du flux de connaissances dans mon esprit et dans la vertu, s'assurer que

je deviens digne ». Un sommeil tranquille avant de chuter sur le front de l'enfant consacrée à la prière et par le biais de sommeil la Sainte mère lui inculqua les sept dons du Saint-Esprit.

Il a utilisé les partir du moment où il a réveillé jusqu'à la fin comme clés pour son harmonium interne et chanté avec tout son éloge de cœur à la Trinité et Marie. Sa connaissance n'a pas briller pour la gloriole de sciences humaines mais pour la dignité de la figure divine de la Fondation de la foi catholique vers lequel s'écoule chaque chemin d'accès de la doctrine humaine.

Jésus et la Vierge lui a rendu visite avec consolation intime et pour incarner son élection, ils lui ont donné traverse des croix à porter, croix d'incompréhension par sa famille et à sa paroisse, croix de l'expiation pour les péchés de son frère, Croix de la rédemption pour le salut du troupeau de Dieu, qui est venu à lui nuit et jour envoyé par leur pasteur pour être purifié de la lèpre du cœur et les maladies de l'âme.

Il s'est concerné, à l'image du Christ, le poids de la Croix pour tous les hommes, et peu à peu qu'il gravit avec Jésus jusqu'au Golgotha, il a senti ses épaules s'affaisser et sa colonne vertébrale se plient sous le poids de la Croix, Ses raides jambes du voyage difficile saignant avec mépris aux bandages. C'était comme si la fatigue de l'âge, et pourtant c'est l'opprobre du Christ toujours patient, une âme fatigué jusqu'à la dernière heure.

La Pleine De GrÂCe:
Les Premières Années
Le Mérite
La Passion De Joseph
L'Ange Bleu
L'enfance De Jésus

Suivez-Moi:
Trésor Aux 7 Noms
Là Où Il Y A Des Épines, Il Y Aura Aussi Des Roses
Pour L'Amour Qui Persevere
Le Collège Apostolique
Le Décalogue

Les Chroniques De Jésus Et Judas Iscariote:
Je Vous Vois Tels Que Vous Êtes
Ceux Qui Sont Marqués
Jésus Pleure

Lazare:
Cette Belle Fille Blonde
Les Fleurs Du Bien

Clauda Procula:
Aimez-Vous Le Nazaréen?
Le Caprice Des Moeurs De La Cour

Principes Chrétiens:
De La Réincarnation

Marie De Magdala:
Ah! Mon Aimée! Je T'ai Rejointe Enfin!

Lamb Books

Adaptations illustrées pour toute la famille

LAMB BOOKS

Publié par le Lamb Books, 2 Dalkeith Court, 45 Vincent Street, London SW1P 4HH;

Royaume-Uni, USA, FR, IT, SP, PT, DE

www.lambbooks.org

D'abord publié par Lamb Books 2013

Cette édition

011

Texte copyright @ Lamb Books Nominee 2013

Illustrations copyright @ Lamb Books, 2013

Le droit moral de l'auteur et l'illustrateur a été affirmé

Tous droits réservés

L'auteur et l'éditeur sont reconnaissants envers le Centro Editoriale Valtoriano en Italie pour avoir permis de citer le Poème de l'Homme-Dieu de Maria Valtorta, par Valtorta Publishing

Situé dans le style Bookman Old Style R

Imprimé en Grande-Bretagne par CPI Group (UK) Ltd, Croydon, CR0, 4YY

Sauf aux États-Unis, ce livre est vendu à la condition qu'il ne doit pas, par voie de commerce ou autrement, être prêté, revendu, loué ou autrement distribué sans le consentement préalable de l'éditeur, sous quelque forme que de la liaison ou de couvrir d'autres que celui dans lequel il est publié et sans condition similaire, y compris cette condition étant imposée à l'acquéreur subséquent

Principes Chrétiens:

De La **Réincarnation**

LAMBBOOKS

Remerciements

Le contenu de ce livre est une adaptation de 'Les Cahiers de 1944', et 'Les Cahiers de 1943' par Maria Valtorta, écrivain inspiré et visionnaire- surnommé 'petit Jean', après Saint Jean, l'Evangéliste- du 'Poème de l'Homme+Dieu' (L'Evangile Qui M'a Été Révélé), d'abord approuvée par le Pape Pie XII en 1948, lorsque lors d'une réunion le 26 Février 1948, vérifié par trois autres prêtres, il a ordonné aux trois prêtres présents de 'publier ce travail tel quel ', avec des extraits de 'Who Dies Shall See' (Qui meurt verrai) par Don Dolindo Ruotolo, Prêtre, 1882-1070.

En 1994, le Vatican a tenu compte des appels des chrétiens du monde entier et a commencé à examiner le cas pour la canonisation de Maria Valtorta (petit Jean).

Le contenu de ces Cahiers font beaucoup pour clarifier la nature sublime de la religion et faire beaucoup à répondre à des questions qui ont frappé l'humanité depuis des siècles au moins, peut-être même depuis au début du temps.

Les révélations mystiques ont longtemps été la province des prêtres et des religieux. Maintenant, elles sont accessibles à tous. Que tous ceux qui lisent cette adaptation, la trouve édifiante. Puisse, grâce à cette lumière, la foi être renouvelée.

Merci tout particulier au Centro Editoriale Valtortiano en Italie pour nous avoir donné la permission de citer le travaux de Maria Valtorta- 'petit Jean'

Contenu

Vendredi 7 Janvier 1944: Jésus	14
L'Intercession Des Âmes Du Purgatoire	18
Dimanche 9 Janvier 1944: Le Père Éternel	22
Dimanche 9 Janvier 1944: Jésus	27
Lundi 10 Janvier 1944: L'Esprit De Dieu	31
Lundi 10 Janvier 1944: Marie	36
Le 10 Janvier 1944: Le Témoin De Maria Valtorta	39
Mardi 11 Janvier 1944: John.	47
Le 11 Janvier: L'Apôtre Paul.	52
Lundi 17 Et Mardi 18 Janvier 1944: Jésus.	57
Le 25 Mai, 1944: Le Témoin De Maria Valtorta	67
Le 25 Mai, 1944: Jésus	77
Le 29 Juin, 1944: Jésus	79
Les Âmes Du Purgatoire De Montefalco	83
Le 8 octobre 1943: Jésus	93
Le 9 Octobre 1943: Jésus	95
Le 9 Octobre 1943: Jésus	98

Vendredi 7 Janvier 1944: Jésus

Jésus Dit:

« **V**oici ce qui est dicté pour toi, ô homme qui m'est cher en dépit de tes erreurs, toi, la brebis perdue pour laquelle j'ai marché et versé mon sang pour t'indiquer la voie de la Vérité. Cette instruction est pour toi; C'est une lumière pour toi. Ne refuse pas Mon don.

Ne commets pas le sacrilège de penser qu'une autre parole est plus juste que celle-ci. Celle-ci est la Mienne. C'est Ma voix qui, depuis des siècles, est la même, sans changer, sans se contredire, sans se renouveler au fil des siècles parce qu'elle est parfaite et que le progrès n'a aucune incidence sur elle. Vous, vous pouvez vous mettre à jour. Pas Moi, qui Suis comme au premier jour de Mon enseignement tout comme Je Suis de toute éternité en Ma nature. Je Suis la Parole de Dieu, la Sagesse du Père.

Il est dit, dans mon seul et vrai Évangile: «Je Suis le Dieu d'Abraham, le Dieu d'Isaac et le Dieu de Jacob. Non pas le Dieu des morts, mais des vivants.»

Abraham a vécu une fois. Isaac a vécu une fois. Jacob a vécu une fois. Tu vivras une fois. Moi, qui Suis Dieu,

J'ai pris chair une seule fois et ne la prendrai pas une seconde, parce que Dieu lui-même respecte l'ordre. Et l'ordre de la vie humaine est le suivant:

Un esprit fusionne avec une chair pour rendre l'homme semblable à Dieu, qui n'est pas chair mais esprit, non pas animal mais surnaturel.

Quand la chair dépérit lorsque vient son crépuscule, elle tombe comme une dépouille, telle un simple revêtement, dans le néant dont elle fut tirée, et l'âme retourne à sa vie: bienheureuse si elle vit, mais damnée si l'homme a fait de sa chair son seigneur au lieu de faire de Dieu le seigneur de son âme.

De l'au-delà, dont vous désirez inutilement connaître les détails sans vous contenter de croire à son existence, cette âme vous attend en tremblant de peur ou avec des frémissements de joie de voir la chair ressusciter pour s'en revêtir au dernier jour de la Terre et avec elle être précipitée dans l'Abîme ou entrer au ciel glorifiée jusque dans la matière avec laquelle vous avez remporté la victoire: en effet, de votre ennemie naturelle, vous vous serez fait une alliée surnaturelle.

Mais comment pourriez-vous revêtir une chair au moment de ma visite sublime et, avec elle, aller à la condamnation ou à la gloire, si chaque âme avait eu plusieurs chairs? Laquelle serait choisie? La première ou la dernière?

Si, selon vos théories, la première a permis l'accession de l'esprit à la seconde, c'est déjà une chair méritoire, et même plus digne que les autres de posséder le ciel, puisque c'est la première victoire qui coûte. Après cette accession, elle est entraînée. Mais si seuls les parfaits doivent aller au ciel, comment la première peut-elle y aller? Il serait injuste d'en exclure la première de vos chairs, et tout aussi injuste de penser qu'il en irait de même de la dernière de vos chairs, qu'une théorie néfaste vous fait croire que votre esprit peut revêtir, en une série ascendante, en s'incarnant, se désincarnant pour se réincarner comme un habit que l'on enlève le soir pour le reprendre le lendemain matin.

Et comment pourriez-vous invoquer les bienheureux s'ils étaient déjà réincarnés? Comment traiter vos défunts de vôtres, s'ils sont au même moment les enfants d'autres personnes?

Non. L'âme vit. Bien qu'elle soit créée, elle ne sera plus détruite. Elle vit dans la Vie si elle a mené, sur la terre, l'unique vie qui vous soit permise, celle d'enfants de Dieu. Elle vit dans la Mort si elle a vécu sur la terre en fils de Satan. Ce qui est à Dieu retourne à Dieu pour l'éternité. Ce qui est de Satan retourne à Satan pour l'éternité.

Ne dites pas: C'est mal. « Moi qui suis la Vérité, Je te dis que c'est le bien suprême. Si vous viviez mille vies, vous deviendriez mille fois les souffre-douleur de Satan, et vous ne sauriez pas toujours en sortir blessés mais vivants. Mais puisque vous vivez une seule fois et que vous savez que votre destin se joue à ce seul moment, si vous n'êtes pas de nauséabonds adorateurs de la Bête, agissez au moins avec ce minimum de bonne volonté qui me suffit pour vous sauver.

Bienheureux ceux qui, au lieu du minimum, se donnent tout entiers à Moi et vivent de la Loi. Du ciel, le Dieu des vivants les regarde avec infiniment d'amour, et ce que vous avez encore de bien sur la terre, vous l'avez par ces saints que vous méprisez parfois mais que les saints du ciel appellent «frères»; les anges les caressent, et le Dieu un et trine les bénit.»

L'Intercession Des Âmes Du Purgatoire
Extrait de « Celui qui mourra verra... »
Par Dolindo Ruotolo, Prêtre, Chapitre XIII

Il existe d'innombrables exemples de grâces, dont certaines, miraculeuses, furent obtenues par le biais de l'intercession des âmes du Purgatoire. Nous pouvons dire que leur attention pour notre âme et notre corps est tel, car ils savent par expérience ce qui endommage l'âme. Ainsi, dans leur souffrance, ils connaissent une pitié bien plus grande et plus tendre pour notre souffrance. Ils furent également des pèlerins terrestres, ils connaissent les dangers qui guettent les âmes et les douleurs que les corps traversent. Dans un état de charité parfaite, les âmes présentes au Purgatoire, lorsqu'elles reçoivent les faveurs de quelqu'un sur terre, ressentent encore plus le besoin de l'aider et d'une meilleure manière, car elles ont une compassion bien plus grande pour lui. Pour ces raisons, les âmes du Purgatoire ne prient pas seulement avec plus d'efficacité pour eux mais, avec la permission de Dieu, elles peuvent parfois personnellement intervenir lorsque nous souffrons ou que nous sommes en danger.

En 1649, un bibliothécaire très reconnu de la ville de Cologne, William Freyssen, fit vœu de distribuer cent livres sur les âmes du Purgatoire afin d'inciter les croyants à leur transmettre des faveurs. Peu après cela, son fils et sa femme, qui étaient gravement malades et proches de la mort, guérirent. (Puteus Defunct, livre V, art. 9).

Paris, 1817 : une pauvre servante, très éduquée concernant la vie Chrétienne, prit l'habitude d'organiser une messe de requiem tous les mois, en dépit de ses faibles revenus, en faveur des âmes du Purgatoire. Elle était présente en personne lors du Saint Sacrifice, joignant ses prières à celles du prêtre célébrant, afin d'obtenir une meilleure transmission à l'âme qui en aurait le plus besoin. Un jour, elle tomba malade et dû aller à l'hôpital. Ne pouvant plus travailler, elle perdit son travail et fut ensuite incapable de poursuivre ses habitudes pieuses, faute de moyens financiers. Lorsqu'elle quitta l'hôpital, elle n'avait plus que quelques centimes. Elle s'en remit dont au Seigneur pour qu'il prenne soin d'elle et se mit à la recherche d'un nouveau poste. En passant devant une église, elle réalisa qu'il s'agissait du jour auquel elle avait l'habitude d'organiser une messe en l'honneur des âmes du Purgatoire. Elle offrit de donner le peu d'argent qu'elle avait pour célébrer une messe. Durant celle-ci, elle pria avec ferveur pour les âmes du Purgatoire et afin de ne pas être abandonnée par la Divine Providence. Ce après quoi, fatiguée et inquiète, elle continua sa recherche d'un nouveau travail. Un jeune homme d'apparence noble marcha vers elle dans la rue. Il était bien habillé et très pâle, l'arrêta et lui dit :

« Si je ne me trompe, ne seriez-vous pas à la recherche d'un travail? »

« Oui, Monsieur, lui répondit-elle, surprise. »

«Bien. Dans ce cas, présentez-vous à cette adresse. Il y a là une dame qui vous donnera un travail. »

Il disparu dans la foule sans même lui laisser le temps de le remercier.

La pieuse femme se dirigea immédiatement vers l'adresse que je jeune homme lui avait donné, et, alors qu'elle était sur le point de monter les marches menant à la maison, une domestique descendit, l'air contrarié, un ballot sous le bras. Elle demanda à cette dernière si la maîtresse de maison était présente, ce sur quoi la femme lui répondit brutalement d'aller voir par elle-même et de poser directement la question à la dame en question lorsqu'elle ouvrirait la porte, car elle-même quittait la demeure pour de bon. La femme frappa à la porte et une noble dame vint lui ouvrir. La femme lui fit le récit de ce qui lui était arrivé avant de lui demander si elle avait besoin d'une bonne. La maîtresse de maison fut fort surprise, elle avait en effet renvoyé sa domestique quelques minutes plus tôt en raison de ses mauvaises manières.

Elle demanda à entendre l'histoire à nouveau et la femme la répéta, tout en regardant autour d'elle. Sur le manteau de la cheminée, elle vit une image et dit : « Le voilà, Madame. Voici le jeune homme qui m'a envoyé ici en me donnant votre adresse.»

En entendant ceci, la dame poussa un cri et sembla perdre la raison. Lorsqu'elle reprit ses sens, de joie, elle pris la femme dans ses bras et lui dit:

« Ma chère, à partir de cette instant, je vous considérerai comme ma fille la plus précieuse et non comme une domestique. Mon fils est mort il y a de cela deux ans et c'est grâce à l'une des messes que vous avez célébrées qu'il a finalement pu quitter le Purgatoire. Dieu soit loué. Restez avec moi et travaillez dans ma demeure. Nous prierons ensemble pour le salut des âmes du Purgatoire, pour que le seigneur les délivre bientôt et qu'elles puissent entrer enfin le territoire béni du Paradis.

Nous avons mené des recherches minutieuses à propos de cette histoire ainsi que beaucoup d'autres qui attestent de la protection des âmes du Purgatoire ayant reçu des faveurs. Il apportent un soutien si important aux besoins de nos corps et accordent de l'attention à notre bien-être spirituel ! Les résultats de leur protection ne sont pas aussi visibles que leur celle accordée à notre être physique, mais comment compter les bonnes inspirations, les pensées saintes, les victoires sur les tentations, les guérisons miraculeuses de mourants, toutes dues aux ferventes prières des âmes du Purgatoire pour ceux qui en bénéficient?

Quelle merveille que cette communion avec les Saints! Quelle vue merveilleuse, dit le Comte de Maistre, que de voir une grande cité pleine d'âmes, dans laquelle les trois ordres seraient en relation constante les un avec les autres: le monde militant uni avec celui qui souffre et le monde triomphant!

Dimanche 9 Janvier 1944: Le Père Éternel

Le Père Éternel Dit[1]:

« Je continue à te parler, à toi, ô homme, et à tous ceux qui, comme toi, sont des adorateurs d'idoles mensongères.

Il n'est nul besoin d'avoir un Olympe comme les païens de l'Antiquité pour être idolâtre. Il n'est nul besoin d'avoir des fétiches comme les tribus sauvages pour être idolâtre. Vous l'êtes, vous aussi, et de l'idolâtrie la plus ignominieuse, vous qui adorez ce qui n'est pas vrai, qui rendez un culte qui n'est que le culte de Satan, qui adorez l'Être des ténèbres parce que vous refusez d'incliner votre tête pervertie et votre cœur, qui l'est encore plus, devant celui qui fut l'inspirateur et la lumière surnaturelle de milliards d'hommes qui, pourtant, ont également fait partie des grands de la Terre, de cette grandeur véritable qui est celle du génie et du cœur. Eux, ils ont trouvé dans cette lumière et dans cet inspirateur le levier de leur élévation, le réconfort de leur vie et la joie de leur éternité; d'ailleurs, en dépit de sa constante évolution, le monde les considère avec admiration et regrette de ne plus posséder cette foi qui a fait de ces hommes des grands sur cette terre et au-delà.

1   Je pensais que ce fut Jésus qui parle but en réalité, il s'agit du Père éternel

Quant à vous, l'essence de votre âme n'est nourrie ni de vraie foi, ni de la connaissance de ces vérités éternelles qui font la vie de l'esprit. Vous, vous avez commis envers vous-mêmes le crime de refuser d'accorder, à l'âme créée par Dieu, la connaissance de la Loi et de la doctrine données par Dieu. Vous traitez la religion de superstition et vous qualifiez les formes qu'elle prend d'inutiles. Vous vous estimez supérieurs même à ces grands hommes que, d'après vous, l'on ne peut absoudre de la faute de s'être abaissés au niveau d'une bonne femme ignorante pour avoir respecté l'Église et obéi à la religion, qui n'est rien d'autre que la substance de Ma Loi et de l'enseignement de Mon Fils: un culte véritable rendu à un vrai Dieu dont les manifestations sont indéniables et certaines. Toutes: du Sinaï au Calvaire, du Sépulcre ouvert par la force divine aux milliers de miracles qui, au cours des siècles, ont inscrit dans le temps les gloires de Dieu et la vérité de son Être comme des paroles de feu — d'un feu qui ne s'éteint pas —, ou d'or fondu — d'or qui ne se ternit pas.

Et, comme des fous qui jettent à la mer de superbes bijoux pour recueillir précieusement des cailloux ou qui repoussent de saines nourritures pour s'emplir la bouche d'ordures, vous remplacez la religion de Dieu, que vous refusez sous prétexte que vous la trouvez indignes de vous — contrefaire-surhommes à l'esprit devenu démoniaque, au cœur corrompu, à l'esprit vendu, vous qui êtes à votre tour des idoles aux pieds d'argile[2] —, vous remplacez la religion que vous refusez pour accueillir le culte démoniaque de l'Ennemi de Dieu, et vous en devenez ministres ou prosélytes.

<u>Les voilà, ceux</u> qui critiquent Mon culte, jugent Mon

---
2   le colosse aux pieds d'argile de Daniel 2, 31-36.

Église, accusent Mes ministres et se moquent de Mes fidèles! Ils ne voient dans le culte, dans l'Église, dans les prêtres, dans les fidèles, qu'un objet de dénigrement et un moyen d'avilissement. Et puis, eux qui prétendent que l'homme n'a besoin ni de culte ni de prêtres, ni de cérémonies pour correspondre avec Dieu, les voilà qui se créent un propre culte ténébreux, occulte, chargé de tout un cérémonial secret qui ne soutient même pas la comparaison avec le Mien, qui est clair, lumineux. Ils s'en établissent des ministres, des hommes corrompus et dévoyés autant qu'eux sinon plus, en qui ils croient avec une foi aveugle, et ils prennent les bouffonneries de ces possédés de Satan pour des voix ou des manifestations de Dieu. Ils deviennent prosélytes (et bien pratiquants!) de cette obscène parodie de culte, de ce mensonge sacrilège.

Les voilà, les voilà ceux qui remplacent le Dieu saint, le Sauveur éternel, par l'Être et les êtres de l'enfer! Devant eux, ils baissent la tête et courbent le dos jusqu'à terre, eux qui considèrent comme indignes d'un homme de s'incliner devant un véritable autel sur lequel Ma gloire triomphe, où la miséricorde de Mon Fils resplendit, dont l'amour vivifiant de l'Esprit s'écoule. La vie et la grâce y jaillissent d'un tabernacle et d'un confessionnal, non pas parce qu'un homme, fait tout comme vous de matière mais rendu dépositaire du pouvoir divin du sacerdoce, vous donne une petite hostie de pain sans levain ou prononce une formule faite de mots humains, mais parce que ce petit morceau de pain est Mon Fils, Vivant et Vrai comme Il l'est au ciel à Ma roite avec Son Corps et Son Sang, Son Âme et sa Divinité; et ces mots font pleuvoir son sang - qui a souffert d'avoir été versé pour tant d'entre vous, qui le méprisez de manière sacrilège -, comme il pleuvait du haut de sa croix sur laquelle Mon amour pour vous l'avait cloué.

Mais ne réfléchissez-vous donc pas à votre incohérence, vous, les contrefaire -surhommes, faits de boue putride qu'aucune lumière ne vient élever? Vous rejetez Dieu et vous adorez les idoles d'un culte obscène et démoniaque. Vous prétendez vénérer le Christ et croire en lui, puis vous fuyez de Son Église catholique, apostolique et romaine; vous mettez une croix là où vous appelez l'Ennemi de la croix et du saint Crucifié. C'est comme si vous crachiez sur cette croix ce que vous régurgitez de l'intérieur.

D'ailleurs, que voyez-vous de grand chez vos prêtres de farce?

Sur la foule des miens, nombreux sont ceux à qui vous pouvez faire des reproches. Mais qu'en est-il des vôtres? Lequel est «saint»? Ils mènent une vie luxurieuse, ils font la fête, ils sont menteurs, les meilleurs sont orgueilleux, les pires, délinquants et féroces. Il n'y a rien de mieux chez les vôtres. D'ailleurs, vous ne pourriez en avoir de meilleurs, car s'ils étaient honnêtes, chastes, sincères, mortifiés et humbles, ce seraient des «saints «, autrement dit des fils de Dieu, et Satan ne pourrait les posséder pour les dévoyer et pour vous dévoyer par leur entremise.

Après avoir passé tant d'années à prétendre être des «instruments» dans la main de Dieu, ont-ils amélioré leur nature? Non. Ils restent ce qu'ils étaient, si encore ils n'empirent pas. Mais ne savez-vous pas que le contact de Dieu est une métamorphose continuelle qui transforme l'homme en ange? Quel bon conseil, confirmé ensuite par les faits, vous ont-ils jamais donné? Aucun.

Sur le même sujet, ils disent à l'un et à l'autre des choses différentes, car ils sont l'attrape-nigaud de Satan et parce que moi, la Puissance suprême, je confonds leurs idées de ténèbres par la splendeur insoutenable de ma lumière qu'ils ne peuvent supporter.

C'est pour Mes enfants seulement que cette lumière est joie et guide. Cette lumière au cœur, ils survolent les temps futurs, non en vertu d'un pouvoir personnel mais par son pouvoir. Ils voient avec les yeux de l'esprit, ils entendent avec les oreilles de l'esprit, ce qui est le secret de Dieu, l'avenir de l'homme; ils disent en Mon nom ce que l'Esprit leur met sur les lèvres, des lèvres purifiées par l'amour et sanctifiées par la souffrance.

Quant aux devins, aux astrologues, aux savants et aux docteurs du satanisme que Mon Fils condamne, je les couvre d'une double et même triple condamnation: en effet votre religion satanique, qui se camoufle sous des noms pompeux mais n'est rien d'autre que du satanisme, est péché contre Moi, le Seigneur du ciel et de la terre devant qui il n'y a pas d'autre Dieu; elle est offense au Fils, Sauveur de l'homme abîmé par Satan; elle est offense à l'Esprit Saint par votre négation de la Vérité connue. Sachez donc que Je tourne en folie votre science occulte et que Je prépare les rigueurs d'un avenir éternel pour vous, qui n'avez pas voulu le ciel mais l'enfer pour royaume et qui avez voulu prendre Satan, et non Dieu, pour grand-prêtre, roi et père».

Dimanche 9 Janvier 1944: Jésus

Puis, Jésus Me Dit

« Maria, tu t'es offerte sans réserves, n'est-ce pas[3] ? Tu veux que les âmes soient sauvées par ton sacrifice, n'est-ce pas?
Ne penses-tu donc pas que je t'ai dit[4] que l'on conquiert les âmes avec la même arme que celle par laquelle elles se perdent? L'impureté par la pureté, l'orgueil par l'humilité, l'égoïsme par la charité, l'athéisme et la tiédeur par la foi, et le désespoir, et le désespoir, et le désespoir, Maria, par vos angoisses qui pourtant ne désespèrent pas mais appellent Dieu, regardent Dieu, cherchent Dieu, espèrent en Dieu même quand Satan, le monde, les hommes et les événements semblent conspirer contre l'espérance et se liguent pour dire: «Il n'y a pas de Dieu.»[5].

En cette heure satanique que vous vivez, une seule

---

3   Son Acte d'offrande en victime à la Justice divine et à l'Amour prononcé le vendredi 12 juin 1931, fête du Sacré-Cœur de Jésus. Elle raconte elle-même sa démarche dans son Autobiographie et au cours d'une catéchèse du 10 février 1946, page 182. C'est à cette époque que Jésus se révèle à Sœur Faustine et lui demande de généraliser la dévotion à la Miséricorde divine (22 février 1931).
4   Dans la catéchèse du 18 juillet 1943.
5   Psaume 13 (hébreu 14), 1 - Psaume 52 (hébreu 53), 2.

arme devrait être utilisée pour vaincre la guerre que
Satan mène contre les créatures de Dieu, et il suffirait
d'invoquer Mon Nom avec une foi, une espérance et
une charité intrépides, pressantes et enflammées pour
voir s'enfuir les armées de Satan et se briser leurs
instruments que Je maudis. Or qu'est-ce qui monte
de la terre vers le ciel — et jamais autant que lorsque
pèse sur vous l'horrible fléau des armées homicides,
meurtrières, que Satan a enseignées aux hommes et que
l'homme a acceptées en mettant de côté la loi qui dit:
«Aimez-vous comme des frères»[6] pour la remplacer par
celle-ci: «Haïssez-vous comme moi, Satan, je vous hais»?
Un chœur de blasphèmes, de malédictions, de dérisions
de Dieu, de désespoirs. Bien souvent la mort provient en
vous immobilisant avec ces mots sur les lèvres, elle vous
les y cloue et vous porte ainsi devant Ma face, marqués
par une ultime faute.

Maria, tu t'étonnes que, après t'avoir tellement aidée,
Je te laisse maintenant ressentir tant d'angoisse. Je
t'ai aidée à l'heure de la mort de la personne que tu
aimais[7]; Je t'ai donné mon cœur pour oreiller ainsi que
Ma bouche pour musique et pour linge qui a essuyé
tes larmes par son baiser et adouci ta peine par son
chant d'amour. Mais il s'agissait de ta peine à toi. Tu Me
l'avais déjà offerte et je l'avais déjà utilisée. Le moment
était venu d'en être récompensée. Le moment était
venu que Je te soutienne, parce que tu dois Me servir
encore, Ma petite «voix»; Je ne veux pas que tu meures
avant le moment où ta voix pourra se taire, après avoir
suffisamment donné de Ma parole aux hommes, qui ne le
méritent pas.

---

6   1 Jean 3, 11-22 et 1 Jean 4, 11-16.

7   La mère de Maria, Inside Fioravanzi le 4 Octobre 1943.

De nos jours, beaucoup trop nombreux sont ceux qui
se damnent en désespérant et meurent en M'accusant.
Même sur la bouche des enfants qui, aujourd'hui, savent
mieux blasphémer que prier, maudire que sourire; et
ils sauront mieux blasphémer et maudire, comme de
pauvres fleurs salies par le monde et par son roi infernal
alors qu'ils ne sont qu'un bouton encore fermé.

Il faut qu'il y ait des victimes qui aiment, souffrent,
prient, bénissent et espèrent pour éviter qu'à vos
trop nombreuses malédictions ne doive en répondre
une qui vous extermine sans vous donner le temps
de M'invoquer, pour éviter qu'à vos trop nombreuses
accusations contre moi Je ne doive tourner contre
vous Ma terrible accusation; pour éviter qu'à vos trop
nombreux désespoirs, qui sont les fruits naturels de
votre vie de bâtards, ne doive correspondre finalement
Ma condamnation éternelle sur vous, Mes sauvés qui
M'outragez, Moi et le Salut que Je vous ai donné[8]. Je
le répète: il faut des victimes qui souffrent, encore et
encore, de ce qui fait souffrir leurs frères, des victimes
dont l'amour, la souffrance, la prière, la louange,
l'espérance purifient les lieux dans lesquels on va au-
devant de la Mort, non pas celle de la chair mais celle de
l'esprit.

Je te le dis: si le nombre de ceux qui aiment, croient
et espèrent, égalait celui de ceux qui n'aiment pas,
ne croient pas et n'espèrent pas, et si, aux moments
tragiques où un massacre vous menace, les invocations
égalaient, en nombre, les imprécations — note que je
ne parle pas d'un nombre supérieur, mais égal —, tous
les pièges et les volontés des démons et des Hommes-
<u>démons serai</u>ent détruits et tomberaient sans vous

---

[8]   Hebreos 10, 29.

faire plus de mal, comme un vautour dont les ailes sont brisées et qui ne peut plus attraper de proie.

Courage! Sois quelqu'un qui sauve!

Sauver! C'est pour sauver l'humanité que j'ai quitté le ciel. C'est pour sauver l'humanité que j'ai connu la mort.

Sauver! C'est la plus grande des charités. Ce fut la charité du Christ. C'est celle qui fait de vous, âmes salvatrices, celles qui sont le plus à l'égal du Christ.

Je vous bénis, vous toutes qui, en sauvant, M'êtes des sœurs. Je te bénis. Je te bénis, toi à qui, pour te rendre heureuse d'un bonheur insondable et éternel, J'ai donné d'être quelqu'un qui sauve.

Va en paix. Reste en paix. Je suis avec toi, toujours».

Lundi 10 Janvier 1944: L'Esprit De Dieu

L'Esprit De Dieu Dit:

« N'omets pas de te rappeler la parole de celui qui est Sagesse et Amour de Dieu, celui qui, d'éternité en éternité, se répand sur tout ce qui existe pour le sanctifier pour Dieu, celui qui a présidé avec puissance à toutes les œuvres de Notre Trinité et n'est étranger à rien de ce qui est saint dans le temps et dans l'éternité; Je suis en effet le Sanctificateur, celui qui vous sanctifie par Son don septiforme, vous conduit à Dieu et vous Le fait connaître en vous révélant Ses volontés sur la terre et Sa gloire dans le ciel.

Je suis la Sagesse de Dieu. Je suis celui que la seconde Personne de Notre très sainte Trinité appelle «Le Maître de toute vérité, celui qui ne vous parlera pas de Son propre chef mais qui vous dira tout ce qu'il aura entendu et vous annoncera l'avenir»[9]

Vous qui cherchez à connaître même plus que le nécessaire, voici celui qui peut vous procurer cette connaissance que vous recherchez. Je Suis. Moi, La Lumière de La Lumière, l'Esprit de l'Esprit, l'Intelligence de l'Intelligence, Je suis le gardien, le dépositaire de toutes les vérités passées, présentes et à venir, celui qui connaît tous les décrets de Dieu, l'administrateur de ses lumières. De même que, par Mon conseil, Je ne suis pas absent des œuvres du Créateur, de même que Je ne suis pas absent du décret de la rédemption, Je ne suis pas non plus absent de vous pour vous conseiller et vous guider avec la douceur de l'amour pour transformer les volontés que le Père vous propose en fait accompli. Et Je suis encore davantage. Je suis l'Amour qui vous inspire ce qui est capable de vous donner le baiser de Dieu et vous porter sur son sein par le chemin de la sainteté.

Comme une nourrice compatissante, Je saisis votre incapacité de nouveau-nés à la Vie, Je vous éduque et Je vous élève. Je vous tiens dans mes bras pour vous réchauffer et vous faire assimiler le doux lait de la Parole de Dieu afin qu'il devienne vie en vous. Je me fais bouclier contre tous les périls du monde et de Satan, car l'amour est une force qui sauve. Je vous guide, je vous soutiens et, tel un maître à la patience amoureuse, Je vous instruis. De vous, qui êtes lourds et lents, pusillanimes et faibles, Je fais des héros et des athlètes de Dieu. De vous, qui êtes pauvres spirituellement, Je fais des rois de l'esprit, car Je recouvre votre esprit de Mes splendeurs divines, Je le place sur le plus grand trône qui soit, puisqu'il s'agit de Mon trône de sainteté éternelle.

Mais encore faut-il, pour Me connaître, ne pas avoir d'idolâtrie au fond du cœur. Il faut croire à ce que J'ai sanctifié, croire à la vérité que J'ai illuminée. Il est indispensable d'abandonner l'erreur et de rechercher Dieu là où il est, et non pas là où se trouve l'Ennemi de Dieu et de l'homme.

Voulez-vous connaître la Vérité? Oh! Venez à Moi! Moi seul peux vous la révéler. Et Je vous la révèle de la façon dont Ma bonté sait que c'est celle qui vous convient, pour ne pas troubler votre faiblesse d'hommes et votre relativité.

Pourquoi donc aimez-vous ce qui est tordu, compliqué, ténébreux? Aimez-Moi, qui suis simple, clair, lumineux, Moi qui suis joie de Dieu et de l'esprit.

Voulez-vous connaître l'avenir de l'âme? Je vous l'enseigne en vous parlant d'une éternité qui vous attend, dans un bonheur que vous ne pouvez concevoir. C'est dans un tel bonheur que, après ce séjour sur terre, cet unique séjour, vous vous reposerez en Dieu de toutes vos fatigues, de toutes vos peines; vous oublierez la souffrance car vous posséderez déjà la joie. Et même si l'amour, qui n'est jamais aussi vif qu'au ciel, vous fait frémir pour les souffrances des vivants, ce ne sera plus la pitié qui vous fera ainsi souffrir, mais seulement un amour actif qui sera lui aussi de la joie.

Désirez-vous connaître les perfections du Créateur en toutes choses, les mystères de la création? Je peux vous en parler, Moi, La Sagesse, qui «Suis issue de la bouche du Très Haut, première-née avant toutes les créatures»[10], Moi qui suis en tout ce qui est, puisque tout porte le sceau de l'amour et que Je Suis l'Amour. Mon Être s'étend sur tout l'univers; Ma Lumière baigne les astres, les planètes, les mers, les vallées, les plantes, les animaux; Mon Intelligence court sur toute la terre, instruit les plus lointains, donne à tous un reflet du Très Haut, enseigne comment rechercher Dieu; Ma Charité

---

10   Siracide (Ecclésiastique) 24,3 «Je suis issue de la bouche du Très-Haut et comme une vapeur j'ai couvert la terre

pénètre comme le souffle et conquiert les cœurs.

J'attire à Moi les justes de la terre et, même aux hommes droits qui ne connaissent pas le vrai Dieu, Je donne des reflets de votre Dieu saint; c'est ainsi qu'il y a un filet de vérité dans toutes les religions révélées, déposé par Moi, qui suis celui qui irrigue et féconde.

En outre, comme le jaillissement puissant d'une source éternelle, Je déborde de tous côtés de l'Église catholique du Christ et, par le moyen de la grâce, des sept dons et des sept sacrements, Je transforme les catholiques fidèles en serviteurs du Seigneur, en élus pour le Royaume, en fils de Dieu, en frères du Christ, en dieux dont le destin est si infiniment sublime qu'il mérite qu'on se sacrifie pour le posséder.

Tournez-vous vers Moi. Vous saurez, vous connaîtrez et vous serez sauvés parce que vous connaîtrez la Vérité. Séparez-vous de l'erreur, abandonnez-la, car elle ne vous procure ni joie ni paix. Pliez le genou devant le vrai Dieu, devant le Dieu qui a parlé au Sinaï et annoncé l'Évangile en Palestine, devant le Dieu qui vous parle par l'Église, que Moi, l'Esprit de Dieu, J'ai rendue Maîtresse.

Il n'y a pas d'autre Dieu que nous: Un et Trine. Il n'y a pas d'autre religion que la Nôtre, vieille de plusieurs siècles. Il n'y a pas d'autre avenir, sur la terre et au-delà, que ce qu'en disent les Livres sacrés. Tout le reste est mensonge destiné à être couvert de honte par celui qui est Justice et Vérité.

Demandez-Nous la lumière — à Nous qui Sommes la Puissance, la Parole et la Sagesse — afin que vous ne marchiez plus sur de tortueux sentiers de mort, mais pour que vous puissiez vous aussi, qui errez, prendre la voie par laquelle ceux qui ont eu une foi humble, sage et sainte trouvèrent le salut parce que cela avait plu à Dieu, qui en fit ses saints. »

Lundi 10 Janvier 1944: Marie

Marie Dit:

« **P**uisque je suis la Mère, je parle moi aussi en vous serrant sur mon sein pour vous conduire à la foi, vous, mes enfants que je vois mourir, nourris comme vous l'êtes, de poisons mortels.

Je vous en prie, pour mon Fils que j'ai donné avec une joie douloureuse pour votre salut, revenez sur les sentiers du Christ. Vous avez inscrit Son Nom très saint sur vos chemins. Mais c'est le profaner. Si ce n'était parce que l'Ennemi vous obscurcit l'esprit et vous tient la main pour vous forcer à écrire ce que le bon sens ne pourrait vous pousser à écrire, vous n'inscririez pas ce Nom béni sur les voies par lesquelles Satan vient à vous ni sur les portes de vos temples grotesques de sans-Dieu.

Mais je dis au Père pour vous: «Père, pardonne leur parce qu'ils ne savent pas ce qu'ils font»[11] et je vous demande au Père saint, mes pauvres enfants trompés par Satan. J'ai vaincu Satan en moi et pour les hommes. Il est sous mon pied. Je le vaincrai aussi en vous, à condition que vous veniez vers moi.

---

11   Luc 23,34

Je suis la Mère, la Mère que l'Amour a rendue mère du bel amour. Je suis celle en qui repose, comme en une arche, la manne de la grâce. Je suis pleine de grâce et Dieu ne met pas de limites à mon pouvoir de répandre ce trésor divin. Je suis la Mère de la Vérité qui, par moi, a pris chair. Je suis celle qui porte l'espérance de l'homme. Par moi, l'espérance des patriarches et des prophètes est devenue réalité. Je suis le siège de la Sagesse qui a fait de moi sa Mère et la Mère du Fils de Dieu.

Venez, que je vous porte au Christ en vous tenant par la main, par cette main qui a soutenu les premiers pas de Jésus-Sauveur sur les chemins de la terre et lui a appris à marcher afin qu'il puisse aisément monter au Golgotha pour vous sauver, vous, qui m'êtes les plus chers puisque les plus malheureux de tous les hommes, ces condamnés que je lutte pour les arracher au pouvoir qui vous entraîne vers l'abîme, afin de vous sauver pour le ciel.

Voyez combien j'ai pleuré pour vous! Car vous n'êtes pas de ceux qui tombent en étant emportés par tout un poids de chair, si impétueux et soudain qu'il vous terrasse sans même vous donner le temps et le moyen de réagir. Vous êtes de ceux qui, obstinément, sciemment, commettent la faute qui n'est pas pardonnée, comme mon Fils l'a dit. Vous niez la Vérité pour vous fabriquer des vérités à partir de mensonges infâmes. Vous devenez des lucifers. Alors que vous pourriez être des anges![12]

Je n'exige pas grand-chose de vous: seulement que vous m'aimiez comme une Mère, seulement que vous m'invoquiez. Mon nom sera déjà du miel pour vos lèvres empoisonnées. Il sera également salut car, là où

---

12   Le péché contre l'Esprit, le seul qui ne sera pas pardonné : Matthieu 12,32 – Marc 3,29 – Luc 12,10

est Marie, là est aussi Jésus, et ceux qui L'aiment ne peuvent pas ne pas aimer la Vérité qui est le Fils de ma chair. Je ne fais pas de reproches, je ne condamne pas. J'aime. J'aime seulement.

Il ne faut pas que je vous fasse peur, car je suis plus douce qu'une brebis et plus pacifique que l'olivier. Je suis si douce que, surpassant les brebis, j'ai accepté que ma créature soit arrachée de mon sein et sacrifiée sur un autel sanglant sans réagir, sans maudire. Je suis si supérieure à l'olivier que, de moi-même, je me suis faite olive dans le pressoir et me suis laissée presser par la douleur pour extraire de mon cœur immaculé, vierge et maternel, l'huile qui allait guérir vos plaies et vous consacrer au ciel.

Posez votre tête malade sur mes genoux. Je la guérirai et vous transmettrai les paroles que la Sagesse me dit pour vous conduire vers la Lumière de Dieu.»

Le 10 Janvier 1944: Le Témoin De Maria Valtorta

Que c'est beau! Que c'est beau! Comme ce que je vois est beau!

Je vais essayer d'être très précise et claire pour vous décrire ce que la communion m'a apporté.

Vous[13] savez déjà que je suis heureuse. Mais vous ne connaissez pas le bonheur et la vision joyeuse qui m'a été accordée à partir du moment de l'union eucharistique. Ce fut comme un tableau qui m'était dévoilé petit à petit. Mais ce n'était pas un tableau: c'était de la contemplation. Je me suis recueillie pendant une bonne heure sans autre prière que cette contemplation qui me transportait au-delà de la terre.

Cela a commencé aussitôt après avoir reçu l'hostie sainte et je crois qu'il ne vous a pas échappé que j'étais lente à répondre et à saluer, j'étais déjà enveloppée. Malgré cela, j'ai rendu grâces à haute voix alors que la vision m'était de plus en plus vive. Ensuite, je suis restée tranquille, les yeux fermés comme si je dormais. Mais je n'ai jamais été aussi éveillée de tout mon être qu'à ce moment-là.

Encore maintenant que j'écris, la vision perdure, bien

---

[13] Son directeur spirituel, le P. Romualdo M. Migliorini

qu'elle soit dans sa phase finale. J'écris sous le regard d'une foule d'êtres célestes qui voient comme je dis uniquement ce que je vois, sans ajouter de détails ou modifier quoi que ce soit. Voici la vision:

À peine avais-je reçu Jésus que j'ai senti la Mère, Marie, du côté gauche de mon lit, qui m'enlaçait du bras droit et m'attirait à elle. Elle portait son vêtement et son voile blancs comme dans la vision de la grotte, en décembre. Je me suis sentie en même temps enveloppée d'une lumière dorée. Cette couleur dorée était d'une douceur impossible à décrire et les yeux de mon esprit en cherchaient la source, que je sentais couler sur moi d'en haut. J'avais l'impression que, tout en restant ma chambre avec son plancher, ses quatre murs et les objets qui s'y trouvent, celle-ci n'avait plus de plafond et que je voyais les cieux infinis de Dieu.

Suspendue dans les cieux, la divine Colombe de feu se tenait perpendiculairement au-dessus de la tête de Marie, et par conséquent au-dessus de ma tête puisque j'étais joue contre joue contre Marie. L'Esprit Saint avait les ailes ouvertes et il se tenait debout, en position verticale. Il ne bougeait pas, mais il vibrait, et à chaque vibration il y avait des vagues, des éclairs et des étincelles de splendeur qui se dégageaient. Un cône de lumière dorée sortait de lui, dont le sommet partait de la poitrine de la Colombe et dont la base nous recouvrait, Marie et moi. Nous étions réunies dans ce cône, sous ce manteau, dans cette étreinte de lumière joyeuse.

Cette très vive lumière n'était pourtant pas éblouissante, car elle communiquait aux yeux une force nouvelle qui augmentait à chaque éclat qui se dégageait de la Colombe, accroissant sans cesse l'éclat qui existait déjà à chacune de ses vibrations. Je sentais mes yeux se dilater jusqu'à acquérir une puissance surhumaine, comme si n'étaient plus des yeux de créature mais d'esprit déjà glorifié.

Quand j'atteignis la capacité de voir au-delà, grâce à l'Amour enflammé suspendu au-dessus de moi, mon âme fut appelée à regarder plus haut. Alors, contre l'azur plus pur du paradis, je vis le Père, distinctement, bien que les traits de sa figure soient d'une lumière immatérielle. Il était d'une beauté que je ne tenterai pas de décrire, car elle surpasse les capacités humaines. Il m'apparaissait comme s'il était sur un trône. Je parle de cette manière parce qu'il se présentait, assis, avec une infinie majesté. Toutefois, je ne voyais pas de trône, de fauteuil ou de dais. Rien qui ait la forme terrestre d'un siège. Il m'apparaissait de mon côté gauche (dans la direction de Jésus crucifié, juste pour donner une indication, et donc à droite de son Fils), mais à une hauteur incalculable. Je voyais cependant ses traits si lumineux dans leurs moindres détails. Il regardait en direction de la fenêtre (toujours pour donner une indication des différentes positions). Son regard exprimait un amour infini.

Je suivis son regard et je vis Jésus. Non pas le Jésus-Maître que je vois habituellement. Mais Jésus comme roi. Il était vêtu de blanc, mais son vêtement était lumineux et extrêmement blanc, comme celui de Marie. Cet habit semblait fait de lumière. Il était extraordinairement beau, vigoureux, imposant, parfait, resplendissant. De la main droite — il était debout —, il tenait son sceptre, qui est aussi son étendard.

Il s'agissait d'une longue hampe, presque une crosse, mais encore plus haute que mon Jésus déjà très grand;

De La Réincarnation

elle ne se terminait pas par la boucle de la crosse; †, mais par une hampe transversale, formant ainsi une croix d'où pendait une bannière, soutenue par la plus courte des hampes.

Cette bannière était en soie, une blanche très lumineuse, faite de cette façon , et marquée d'une croix pourpre sur les deux côtés; sur la bannière, il est écrit «Jésus Christ» en mots de lumière, presque comme s'ils étaient écrits avec des diamants liquides.

Je vois bien les plaies de ses mains puisque celle de droite tient la hampe en haut, vers la bannière, et la seconde montre la plaie du côté, dont je ne vois pourtant rien d'autre qu'un point très lumineux d'où sortent des rayons qui descendent vers la terre.

La plaie de la main droite se trouve du côté du poignet et ressemble à un rubis resplendissant de la largeur d'une pièce de dix centimes. Celle de la main gauche est plus centrale et plus grande, mais elle s'allonge un peu vers le pouce, comme ceci . Elles brillent comme des rubis éclatants. Je ne vois pas d'autre blessure.

Au contraire, le corps de mon Seigneur est très beau et totalement intact.

Le Père regarde le Fils sur sa gauche. Le Fils regarde sa Mère et moi. Mais je vous assure que, s'il ne me regardait pas avec amour, je ne pourrais soutenir l'éclat de son regard et de son aspect. Il est véritablement le Roi de terrible majesté dont on parle[14].

Plus la vision se prolonge et plus augmente ma faculté de percevoir les moindres détails et de voir toujours plus <u>loin autour de</u> moi.

14   Dans le «Dies irae, dies illa» de la liturgie romaine.

Effectivement, après quelque temps je vois saint Joseph (près de l'angle où se trouve la crèche). Il n'est pas bien grand, plus ou moins comme Marie. Robuste. Il a les cheveux grisonnants, bouclés et courts, et une barbe taillée au carré. Son nez est long et fin, aquilin. Ses joues sont creusées de deux rides qui partent des angles du nez et descendent se perdre du côté de la bouche, dans la barbe. Ses yeux sont noirs et semblent très bons. Je retrouve en lui le bon regard plein d'amour de mon père. C'est son visage tout entier qui est bon, pensif sans être mélancolique, digne, mais avec une telle expression de bonté ! Il est vêtu d'une tunique bleu violacé comme les pétales de certaines pervenches et il porte un manteau couleur poil de chameau. Jésus me le montre en me disant: «Voici le patron de tous les justes.»

Puis la Lumière appelle mon esprit de l'autre côté de la chambre, autrement dit vers le lit de Marta, et je vois mon ange gardien. Il est à genoux, tourné vers Marie qu'il semble vénérer. Il est vêtu de blanc. il a les bras croisés sur la poitrine et ses mains touchent ses épaules. Il courbe la tête, si bien que je vois peu de chose de son visage. Il a une attitude de profond respect. Je vois ses ailes, belles, longues, très blanches, pointues; ce sont de vraies ailes faites pour voler rapidement et sûrement de la terre au ciel, mais il les tient actuellement repliées derrière le dos. Par son attitude, il m'enseigne comment l'on doit dire: «Je vous salue, Marie.»

Pendant que je le regarde, je sens quelqu'un près de moi à ma gauche; il me pose une main sur l'épaule droite. C'est mon saint Jean, le visage resplendissant d'amour joyeux.

Je me sens heureuse. Je me recueille au milieu de tant

de bonheur en croyant en avoir atteint le summum. Mais un éclat plus vif de l'Esprit de Dieu et des plaies de mon Seigneur Jésus accroît encore ma capacité à voir. Je vois alors l'Eglise céleste, l'Eglise triomphante! Je vais essayer de la décrire.

En haut, comme toujours, se trouvent le Père, le Fils et maintenant aussi l'Esprit, plus haut que les Deux, au centre des Deux, qu'il réunit dans ses splendeurs.

Plus bas, comme entre deux pentes bleues, d'un bleu qui n'avait rien de terrestre, se trouvait, rassemblée dans une vallée bienheureuse, la multitude des bienheureux en Christ, l'armée de ceux qui sont marqués du sceau de l'Agneau; cette multitude était lumière une lumière qui est chant, un chant qui est adoration, une adoration qui est béatitude.

À gauche se trouvait la foule des confesseurs, à droite celle des vierges. Je n'ai pas vu la foule des martyrs, mais l'Esprit me fit comprendre que les martyrs étaient réunis aux vierges puisque le martyre rendait sa virginité à l'âme, comme si elle venait d'être créée. Tous paraissaient vêtus de blanc, les confesseurs comme les vierges, du même blanc lumineux que les vêtements de Jésus et de Marie.

De la lumière se dégage du sol bleu et des parois bleues de la sainte vallée, comme s'ils étaient en saphir flamboyant. Les vêtements tissés de diamant émettent de la lumière. Surtout, les corps et les visages spiritualisés sont lumière. Je vais maintenant m'efforcer de vous décrire ce que j'ai remarqué dans les différents corps.

Seuls les corps de Jésus et de Marie sont des corps de chair et d'esprit — vivants, palpitants, parfaits, sensibles au toucher et au contact: ce sont deux corps glorieux, mais réellement «corps» —. Le Père éternel, l'Esprit Saint et mon ange gardien sont de la lumière ayant la forme d'un corps, pour qu'ils puissent être perceptibles à la pauvre servante de Dieu que je suis. Saint Joseph et saint Jean sont formés de lumière déjà plus compacte, certainement parce que je dois en percevoir la présence et en entendre les paroles. Tous les bienheureux qui forment la multitude des cieux sont des flammes blanches, qui sont des corps spiritualisés.

Aucun confesseur ne se retourne. Ils regardent tous la très sainte Trinité. Quelques vierges se tournent. Je discerne les apôtres Pierre et Paul car, même s'ils sont lumineux et vêtus de blanc comme tous, leur visage est plus facile à distinguer que les autres: ce sont des visages typiquement hébraïques. Ils me regardent avec bienveillance (heureusement !).

Puis trois esprits bienheureux qui me regardent, et que je devine être des femmes, me font signe en souriant. On dirait qu'elles m'invitent. Elles sont jeunes. Tous les bienheureux me semblent d'ailleurs avoir le même âge: ils sont jeunes, parfaits et d'une égale beauté. Ce sont des copies de Jésus et de Marie en plus petit. Je ne puis dire qui sont ces trois créatures célestes mais, comme deux d'entre elles portent des palmes et une seule des fleurs — les palmes sont l'unique signe qui distingue les martyrs des vierges, je pense ne pas me tromper si je dis qu'il s'agit d'Agnès, de Cécile et de Thérèse de Lisieux.

Ce que je ne saurais vous rapporter, malgré toute ma bonne volonté, c'est l'alléluia de cette multitude. C'est un alléluia puissant et pourtant doux comme une caresse. Tout rit et resplendit de manière encore plus vive à chaque hosanna de la foule à son Dieu.

La vision cesse alors et, dans son intensité, se cristallise sous cette forme. Marie me quitte et, avec elle, Jean et Joseph; la première prend place en face de son Fils et les autres dans les rangs des vierges.

Loué soit Jésus Christ.

Mardi 11 Janvier 1944: John.

À Minuit 15

Jean Dit:

« Instruit comme je l'étais, imprégné par le Maître et devenu un avec lui, la Parole vit dans mon évangile telle qu'elle fut dite: mon union avec lui était telle que j'ai pu la reproduire sans modifications. C'est le Christ qui parle. Jean n'est que l'instrument qui écrit, tout comme toi.

Notre destinée[15] est grande: nous devons y rester fidèles jusque dans les moindres détails pour que la doctrine divine ne soit pas corrompue par nous, qui sommes des créatures; il nous incombe de mener une vie sans tache afin qu'il n'y ait rien d'impur là où la Parole descend, pas même l'ombre d'une pensée.

Accueillir la Parole de Dieu, c'est comme accueillir le Pain du Ciel. C'est le Pain du Ciel qui se fait Parole pour nous, pour devenir pain dans l'âme de nos frères. C'est l'eucharistie de la Parole, qui n'est pas moins sainte que l'eucharistie de l'autel: car, en venant en nous, le Christ eucharistique nous apporte Sa Parole, que nous entendons plus ou moins selon notre degré de vie spirituelle; en venant en nous, le Christ-Maître nous

---

15 Saint Jean s'identifie à Maria Valtorta : ils ne sont que des instruments

apporte Sa nourriture qui nous rend capables de faire toujours plus de l'eucharistie un aliment de vie éternelle.

Mon Maître et le tien l'a dit: «Heureux ceux qui écoutent la Parole de Dieu et la gardent dans leur cœur» et aussi «Celui qui écoute ma Parole possède la vie éternelle.» Et encore: «Je suis le Pain vivant qui descend du ciel. Celui qui mangera de ce pain ne mourra pas et je le ressusciterai au dernier jour[16].» Le Maître assure donc une destinée unique à ceux qui se nourrissent de lui, et comme Verbe du Père et comme Pain du ciel.

Mais ce n'est pas tellement pour toi que je parle, disciple (toi) qui es (déjà) dans la lumière, en tant que lumière du Christ, du Christ qui est la Lumière du monde.

Je m'adresse à ceux qui sont dans les ténèbres et qui tâtonnent dans l'obscurité, comme s'ils avaient des écailles sur les paupières, et ne savent pas — ou ne veulent pas — se mettre sur le chemin où passe le Maître pour crier: «Jésus, sauve-nous! Donne-nous ta Lumière!»

S'ils l'appelaient, il viendrait à eux; il s'arrêterait chez eux et leur donnerait l'heureuse destinée de devenir enfants de Dieu, nés une seconde fois; c'est d'ailleurs la seule fois où l'on peut renaître: non pas renaître de la chair — qui une fois morte ne revêtira jamais plus l'âme qui l'habitait si ce n'est au dernier jour, pour aller avec elle à la gloire ou à la damnation —, mais renaître de l'esprit. Celui-ci est régénéré en se greffant sur le Christ car le Christ, en le possédant en lui comme une partie de Son Être très saint, l'unit à l'Esprit de Dieu, Qui est celui qui nous obtient de renaître, non plus en tant qu'hommes, mais en tant que fils de Dieu. Alors ces hommes qui étaient dans les ténèbres connaîtraient la Lumière, ils rompraient avec

---

16   Luc 11.28; Jean 6: 22-29

les ténèbres et le mensonge, puisque le Christ est Vérité,
Lumière, et puisque le Paraclet Que le Christ donne
aux «Siens» est Lumière et Vérité. Ainsi, qui a le Christ
possède en lui la Vérité et la Lumière de la divine Trinité.

Abandonnez donc l'Homicide éternel qui a péri et fait
périr les autres, pour n'avoir pas persévéré dans la vérité
qu'il avait possédée dès le premier instant de sa création
en vertu de sa bienheureuse destinée angélique. Croyez
dans le Christ qui ne peut mentir, car il est Dieu et il
possède la perfection de Dieu.

Il vous dit à maintes reprises: «Moi, je vous ressusciterai.»
Pourrait-il employer un mot impropre, lui qui est
parfait en science et en intelligence? Il dit bien: «Je vous
ressusciterai «, et non pas: «Je vous réincarnerai.» Il
spécifie: «au dernier jour «, et encore: «Comme le Père,
en effet, relève les morts et les fait vivre, le Fils lui aussi
fait vivre qui il veut... Celui qui écoute ma parole et croit
en celui qui m'a envoyé, a la vie éternelle; il ne vient
pas en jugement, mais il est passé de la mort à la vie...
L'heure vient — et maintenant elle est là — où les morts
entendront la voix du Fils de Dieu et ceux qui l'auront
entendue vivront... L'heure vient où tous ceux qui gisent
dans les tombeaux entendront sa voix. Alors ceux qui
auront fait le bien en sortiront pour la résurrection qui
mène à la vie, ceux qui auront pratiqué le mal, pour la
résurrection qui mène au jugement.»

C'est pourquoi celui qui est Vérité et Science dit, répète,
insiste et jure qu'il n'y a qu'une seule et unique vie de
la chair, et une seule et unique vie de l'esprit. Cette
vie se passe pendant notre unique journée d'hommes;
puis, au dernier jour, sur l'ordre de Jésus-Dieu, la chair
ressuscite pour revêtir l'esprit qui l'habitait. Cette vie

éternelle s'obtient par notre unique journée; si, au cours de celle-ci, nous avons tué l'âme ne serait-ce qu'une seule fois, elle ne pourra plus jamais se réincarner pour passer de la mort à la vie par des phases successives.

Non. La puissance de Dieu, Père, Fils Jésus et Esprit Paraclet, peut vous accorder la résurrection de l'esprit sur la terre en vertu d'un miracle de la grâce ou par l'intermédiaire de l'intercession d'un «saint» de la terre ou du ciel, ou encore de par votre propre désir de ressusciter. Mais cela se produit ici, sur la terre, au cours de votre unique journée. Le soir venu pour vous, quand vous serez entrés dans le sommeil de la nuit humaine, il n'y a plus de résurrection possible par de nouvelles périodes de vie. Si vous êtes morts spirituellement, il ne vous reste que la mort.

Moi, qui suis disciple du Christ et qui ai vu, par-delà la vie terrestre, la vie future et la résurrection finale, je vous jure que c'est la vérité. Libérez-vous de ces chaînes. Ce sont les plus dangereuses que Satan vous lance. Faites le premier pas pour dire au Christ: «Je viens à toi», et à Satan: «Arrière, au nom de Jésus.» Accueillez la vérité première.

Vous ne pouvez savoir combien le Seigneur, le bon Maître, le saint Pasteur, est doux pour ceux qui se tournent vers Lui. Comme un père, Il vous prend sur Son cœur et vous instruit, vous soigne et vous nourrit. Ne prétendez pas que vous l'aimez. Vous ne l'aimez pas en vérité, par conséquent vous ne l'aimez pas.

La vérité se trouve dans Son Évangile. L'Évangile est celui qu'il a dit à ses apôtres et celui qu'il continue à confirmer et à expliquer, dans Sa bienveillance de Sauveur. Après tant de siècles, il n'a pas changé. Il n'y en a pas d'autre.

S'il y avait eu une seconde vie, ou même plusieurs autres, Il vous l'aurait dit. Vous n'êtes pas parsis* ou shintoïstes**, vous êtes «chrétiens». Laissez donc tomber les chimères, les erreurs, les mystifications que Satan suscite pour vous arracher à Dieu, et croyez à ce que Jésus a dit.

*Membre du groupe zoroastrienne .
** Religion japonaise .

Celui qui aime, croit. Celui qui aime peu, doute. Celui qui n'aime pas, accepte une doctrine opposée. La doctrine qu'il suit est contraire à celle de Jésus Christ, le Verbe de Dieu, notre Maître, la Lumière du monde. Vous n'aimez donc pas le Christ en vérité. »

Le 11 Janvier: L'Apôtre Paul.

À Dix Heures

L'Apôtre Paul Dit[17]:

« **L**es païens de l'Antiquité pour qui je rompais le pain de la foi, semblent être encore vivants, et même être revenus, selon votre croyance, se réincarner avec leurs anciennes théories sur la résurrection et la deuxième vie tant, de nos jours, — et plus que jamais, après vingt siècles de prédication évangélique! — la théorie de la réincarnation est encore incarnée et enracinée dans vos esprits[18].

L'unique chose qui se réincarne, c'est cette théorie qui refleurit comme de la moisissure à des époques régulières d'obscurcissement spirituel. Car, sachez-le, vous qui vous prenez pour les plus évolués en matière spirituelle, c'est

---

17   En Actes 17, 22-31 : les grecs croyaient en la métempsycose ou transmigration des âmes.
Dans 1 Corinthiens, chapitre 15, saint Paul argumente sur la résurrection qu'il différencie de la réincarnation par cette affirmation : «Comme les hommes ne meurent qu'une seule fois après quoi vient le jugement, ainsi le Christ, après s'être offert une seule fois pour enlever les péchés d'un grand nombre, apparaîtra une seconde fois à ceux qui l'attendent pour leur donner le salut» (Hébreux 9, 27)

18   En France, en 1990, la croyance en la réincarnation touchait les catholiques plus que le reste de la population (27% contre 24%). Pour les pratiquants, la croyance s'accroît encore (34%). Enfin, 54% de ceux qui croient en la résurrection, croient aussi à la réincarnation. Ce phénomène est probablement général dans le monde occidental.

là le signe d'un déclin et non pas d'une aube spirituelle.
Plus le soleil de Dieu est bas dans vos esprits, plus,
dans l'ombre qui monte, des larves se forment, des
fièvres stagnent, les porteurs de mort pullulent et les
spores germent. Cela va ronger, corroder, absorber et
détruire la vie de votre esprit, tout comme dans les forêts
de l'extrême Nord où la nuit dure six mois et change
les broussailles, pleines de vie végétale et animale, en
régions mortes semblables à celles d'un monde sans vie.

Hommes stupides! Les morts ne reviennent pas. Dans
aucun nouveau corps. Il n'existe qu'une résurrection: la
finale. Vous qui êtes créés à l'image et à la ressemblance
de Dieu, vous n'êtes pas des graines qui poussent selon
des cycles réguliers pour devenir des tiges, des fleurs,
des fruits, des graines et, de là, de nouveau des tiges,
des fleurs et des fruits. Vous êtes des hommes, et non
de l'herbe des champs. Vous êtes destinés au ciel, et
non à l'étable de la bête de somme. Vous possédez
l'esprit de Dieu, cet esprit que Dieu infuse en vous
par un engendrement spirituel continuel qui répond à
l'engendrement humain d'une nouvelle chair.

Que croyez-vous donc? Que Dieu, notre Dieu Tout-
Puissant, infini, éternel, est limité pour engendrer? Qu'Il
a une limite qui Lui impose de créer un certain nombre
d'esprits et pas plus, de sorte que, pour que la vie des
hommes sur la terre puisse continuer, il doive, tel un
vendeur de grand magasin, aller chercher sur les rayons,
parmi tous les esprits entassés là, celui qu'il va réutiliser
pour cette marchandise spécifique? Ou, mieux encore,
pensez-vous qu'il est semblable à un scribe qui exhume
un dossier donné et cherche un certain rouleau, car le
moment est venu de l'utiliser pour faire mémoire d'un
événement?

Hommes stupides, stupides, stupides! Vous n'êtes pas des marchandises, des parchemins ou des semences: vous êtes des hommes. Comme la graine, le corps tombe en décomposition une fois son cycle achevé. L'âme revient à sa Source pour être jugée vivante ou corrompue comme la chair puis, selon son état, elle va vers sa destinée. Ensuite, elle n'en ressort plus si ce n'est pour appeler le corps qui fut le sien à une unique résurrection; par celle-ci, ceux qui ont été corrompus dans la vie deviennent parfaitement corrompus pour l'éternité, avec l'âme et la chair corrompues qu'ils ont eues pendant leur seule et unique vie, qui ne peut se répéter. De même, ceux qui ont été «justes» dans la vie ressuscitent glorieux, incorruptibles, et élèvent leur chair à la gloire de leur esprit glorieux, en la spiritualisant, en la divinisant; c'est en effet par elle et avec elle qu'ils ont remporté la victoire, et il est juste qu'ils triomphent avec elle.

Vous êtes ici-bas des animaux raisonnables de par l'esprit que vous possédez, et qui obtient la vie également pour la chair dont il est victorieux. Dans l'autre vie, vous serez des esprits qui vivifieront la chair qui a remporté la victoire en restant sujette à l'esprit. La nature animale vient toujours en premier. C'est l'évolution véritable. Mais elle est unique. Ensuite vient la nature spirituelle, à partir de la nature animale qui a su, par les trois vertus, se rendre elle-même légère.

En fonction de la manière dont vous menez cette vie-ci, vous serez tels dans la seconde. Si ce qui est céleste a prévalu en vous, vous connaîtrez la nature de Dieu en vous et vous la posséderez, puisque Dieu sera votre possession éternelle. Mais si c'est le terrestre qui a prédominé, vous connaîtrez après la mort l'opacité, la mort, le gel, l'horreur, les ténèbres, tout ce qui est commun au corps qui descend dans la fosse. À cette différence près cependant: la durée de cette seconde et véritable mort est éternelle.

Vous, mes frères, qui êtes héritiers de Dieu par volonté de Dieu, ne perdez pas cet héritage pour suivre la chair et le sang, ainsi que l'erreur mentale. Je me suis moi-même trompé et je me suis opposé à la Vérité, j'ai persécuté le Christ. Mon péché m'est toujours présent, même dans la gloire de ce Royaume dont les portes m'ont été ouvertes par mon repentir, ma foi et mon martyre pour confesser le Christ et la vie immortelle. Mais quand la Lumière m'a jeté à terre, en se faisant connaître, j'ai abandonné l'erreur pour suivre la Lumière[19].

En ce qui vous concerne, la Lumière s'est fait connaître à vous à travers vingt siècles de prodiges, que même le plus féroce négateur et le plus obstiné ne sauraient nier. Pourquoi voulez-vous donc rester dans l'erreur, alors que vous avez la chance d'avoir le témoignage de vingt siècles de manifestations divines?

Moi, qui suis témoin du Christ, je vous le jure: ni la chair ni le sang ne peuvent hériter du royaume de Dieu, mais uniquement l'esprit. Et, comme il est dit dans l'Évangile de notre Seigneur[20] Jésus Christ, ce ne sont pas les enfants de ce siècle — entendez par là, mes frères, ceux qui sont dans le monde, autrement dit les terrestres —qui sont destinés à ressusciter et à se reposer en ayant une seconde vie sur terre. Seuls ressusciteront ceux qui sont dignes du second siècle, l'éternel: en d'autres termes, il s'agit de ceux qui ne pourront plus mourir puisqu'ils auront déjà vécu, mais qui, parce

---

19   Actes 9:1-22
20   Matthieu 22: 23-33; Marc 12: 18-27: Luc 16, 8.

qu'ils ont obtenu la vie spirituelle et qu'ils sont devenus semblables aux anges et aux enfants du Très haut, n'ont plus d'appétit pour le mariage humain: leur âme désire pour seules noces celles avec Dieu-Amour pour seule possession celle de Dieu, pour seule demeure celle du ciel, pour seule vie celle qui se déroule dans la Vie.

Amen, amen, amen!

Je vous le dis: croyez pour l'obtenir».

Lundi 17 Et Mardi 18 Janvier 1944: Jésus.

de 23h30, le 17 janvier, jusqu'aux première heures du 18.

Jésus Dit:

« **P**rends en considération le fait que, plus que pour toi et pour beaucoup d'autres comme toi, cette dictée fait partie du groupe des «sept dictées»[21]. Quand on a commencé à saper un système, il est bon de continuer à coups de bélier. Or cette forme de pensée est un système dur comme l'acier. Il faut donc insister pour vaincre.

Une seule Foi est la vraie: La Mienne, telle que Je vous l'ai donnée. C'est une pierre précieuse divine dont la lumière est vie. Il ne suffit pas de se rappeler cette foi de nom, comme un morceau de marbre resté par hasard dans une pièce. Mais il faut se fonder sur elle et la prendre comme faisant partie de vous-mêmes.

Les habits que vous portez sont-ils vie pour vous? Deviennent-ils peut-être votre chair et votre sang? Non. Ces vêtements vous sont utiles mais, si vous les enlevez pour en endosser d'autres, vous n'enlevez rien d'intime. Au contraire, la nourriture que vous avalez devient votre chair et votre sang, et vous ne pouvez plus l'ôter de vous.

---

21 Ces sept dictées concernent la réincarnation ou métempsycose, comme Maria Valtorta le mentionne à la fin de la catéchèse du 11 janvier 1944

Elle fait partie de vous, elle vous est essentielle car, sans sang et sans chair, vous ne pourriez pas vivre tout comme, sans nourriture, vous n'auriez ni chair ni sang.

Il en va de même de la foi. Elle ne doit pas vous recouvrir à certains moments, comme un voile, pour vous permettre de paraître plus beaux et de plaire à vos frères; il faut qu'elle soit une partie intrinsèque de vous-mêmes, inséparable de vous, vitale. La foi ne consiste pas seulement à espérer ce qu'on croit, elle est réalité de vie. Une vie qui commence ici, dans cette chimère qu'est la vie humaine, pour s'accomplir dans l'au-delà, dans la vie éternelle qui vous attend.

De nos jours, une grande hérésie s'établit, une hérésie des plus sacrilèges[22]. Une nouvelle foi est proclamée par le fils de Satan[23], par l'un de ses fils, un des plus grands, pourrais-Je même dire. Il n'est pas le plus grand dans le passé, (c'est Judas), ni le plus grand de l'avenir, (ce sera l'Antéchrist), mais c'est l'un de ceux qui vivent aujourd'hui pour le châtiment de l'homme: en effet, ce dernier a adoré l'homme à la place de Dieu[24], se donnant ainsi la mort par la main de l'homme alors que moi, Dieu, Je lui avais donné la Vie par Ma mort - méditez sur cette différence!

Ce fils de Satan proclame donc une nouvelle foi, qui est une parodie tragique, sacrilège et maudite de la foi en

---

22   Le nazisme qui tentait à cette époque d'établir un culte destiné à remplacer le christianisme comme nous allons le découvrir progressivement.
23   Hitler
24   Pour le nazisme et le fascisme, mais aussi pour le marxisme-léninisme et de nombreux mouvements de l'époque qui conduiront à la destruction de nombreux pays et à la mort des millions de personnes.

Moi[25]. Un nouvel évangile est proclamé, une nouvelle église est fondée, un nouvel autel est élevé, une nouvelle croix[26] est dressée, un nouveau sacrifice est célébré. Cet évangile, cette église, cet autel, ce sacrifice sont ceux de l'homme, pas de Dieu.

Il n'y a qu'un Évangile: Le Mien.

Il n'y a qu'une Église: La Mienne, l'Église catholique romaine.

Il n'y a qu'un Autel: celui qui est consacré par l'huile, l'eau et le vin, et fondé sur les ossements d'un martyr et d'un saint de Dieu[27].

Il n'y a qu'une Croix: La Mienne: celle à laquelle pend le

---

[25] Dès 1920, le parti national-socialisme prône le «christianisme positif» qui deviendra le courant dominant du troisième Reich à l'instigation d'Alfred Rosenberg et d'Heinrich Himmler. Le but du christianisme positif était de couper les racines juives du christianisme et de créer une religion de transition entre christianisme et paganisme qui parviendrait à réaliser le culte aryen. Ce christianisme positif ne se rattachait à aucune des confessions dominantes de l'Allemagne : le catholicisme et le protestantisme.
Cette idéologie est d'ailleurs condamnée, le 10 mars 1937 dans l'encyclique Mit brennender Sorge.
Le Christianisme positif évolue progressivement vers un culte spécifiquement germanique disposant de ses célébrations (Lebenfeiern), d'un calendrier se substituant au calendrier chrétien et de ses fêtes publiques.
En décembre 1941, Pie XII dénonce dans un message radiodiffusé la fabrication de toutes pièces «d'un Christianisme à leur image, une nouvelle idole dans laquelle il n'y a point de salut [...] une nouvelle religion sans âme, ou une âme sans religion, un masque du Christianisme mort, privé de l'esprit du Christ».

[26] Allusion à la croix gammée des nazis

[27] Lors de la consécration d'une église, autrement appelée dédicace, des reliques de martyrs et d'autres saints sont scellées dans l'autel, en signe de l'unité du Corps mystique dans le Christ. Le peuple présent, les murs intérieurs et l'autel sont aspergés d'eau bénite. L'autel est consacré par des onctions du saint chrême (huiles saintes). L'Eucharistie est ensuite célébrée.

corps du Fils de Dieu, Jésus Christ, celle qui reproduit la figure du bois que J'ai porté avec un infini amour et une immense fatigue jusqu'au sommet du Calvaire. Il n'est pas d'autre croix. Il peut exister d'autres signes, des hiéroglyphes semblables à ceux gravés dans les hypogées des pharaons ou sur les stèles aztèques: ce ne sont là que des signes d'hommes ou de Satan, mais pas des croix, pas les symboles de tout un poème d'amour, de rédemption, de victoire sur toutes les forces du Mal, quelles qu'elles soient.

De l'époque de Moïse à aujourd'hui, et d'aujourd'hui au moment du Jugement, une sera la croix: celle qui ressemble à La Mienne, celle qui fut portée en premier par le «serpent»[28], ce symbole de vie éternelle, celle que J'ai portée et que Je porterai quand Je viendrai en Juge et en Roi pour tous vous juger: vous, Mes bénis qui croyez en Mon Signe et en Mon Nom; et vous aussi, qui êtes maudits, parodistes et sacrilèges, qui avez supprimé Mon Signe et Mon Nom des temples, des états et des consciences pour y substituer votre symbole satanique et votre nom de suppôts de Satan.

Il n'y a qu'un Sacrifice: celui qui réitère mystiquement Le Mien et, sous l'aspect du pain et du vin, vous donne Mon Corps et Mon Sang immolés pour vous. Il n'est pas d'autre corps et d'autre sang qui puissent remplacer la grande Victime.

Au contraire, les corps et le sang que vous immolez ne célèbrent rien, ne substituent rien, ne servent pas, non, au sacrifice. Car vous êtes les féroces sacrificateurs de <u>ceux qui sont</u> pour vous des sujets à votre disposition;

---

28 Référence au serpent de bronze que Moïse fit élever sur l'ordre de Dieu. Qui était piqué par «les serpents brûlants» et le regardait, vivait : Nombres 21, 4-9. Ce symbole du Christ est repris en Jean 3, 14-15.

en effet, vous les avez changés en corps de galériens condamnés à ramer, marqués de votre signe comme s'ils étaient des animaux de boucherie, rendus même incapables de penser puisque vous avez volé, interdit et blessé leur souveraineté d'hommes sur les bêtes brutes, et puisque vous avez changé des êtres intelligents en un immense troupeau d'êtres privés de raison au-dessus desquels vous agitez le fouet et que vous menacez de «mort» s'ils osent seulement vous juger intérieurement.

Mon sacrifice vous procure grâces et bénédictions. Mais le vôtre vous obtient la condamnation et des malédictions éternelles. J'entends et Je vois les gémissements et les tortures des opprimés, dont vous saignez l'âme et l'esprit encore plus que le corps. Pas un seul de vos sujets n'est préservé de votre couteau qui les prive de la liberté, de la paix, de la sérénité et de la foi pour en faire des imbéciles moraux, des apeurés, des désespérés, des rebelles. J'entends et Je vois les râles des assassinés et le sang qui baigne «votre» autel. Pauvre sang que J'ai en infinie miséricorde et auquel Je pardonne même l'erreur, puisque l'homme s'en est déjà puni lui-même et puisque Dieu ne s'acharne pas là où l'expiation a déjà eu lieu!

Mais Je vous jure que ce sang et ces gémissements feront votre tourment éternel. Vous mangerez, vous régurgiterez, vous vomirez du sang; vous vous y noierez; vous aurez l'âme assourdie jusqu'à la folie par ces râles et ces gémissements, et vous serez obsédés par les millions de visages macabres qui vous crieront vos millions de crimes et vous maudiront. Voilà ce que vous trouverez là où vous attend votre père, le roi du mensonge et de la cruauté.

Par ailleurs, qui parmi vous est le pontife, le prêtre

chargé de la célébration du rite ? Vous êtes des bourreaux et non des prêtres. Votre autel n'en est pas un, c'est un échafaud. Votre sacrifice n'en est pas un : c'est un blasphème. Votre foi n'en est pas une : c'est un sacrilège.

Descendez, vous les maudits, avant que Je ne vous foudroie par une mort horrible. Mourez du moins comme ces bêtes brutes qui se retirent dans leur tanière pour mourir, rassasiés de proies. N'attendez pas sur votre piédestal de dieux infernaux que Je vous livre à l'expiation, non pas à celle de l'esprit, mais à celle de votre corps de fauves, et que Je vous fasse mourir à la risée des foules et sous les sévices de ceux qui les subissent actuellement. Il y a une limite. Je vous la rappelle. Et il n'y a pas de pitié pour ceux qui singent Dieu et se rendent semblables à Lucifer.

Quant à vous, peuples, sachez être forts dans la Vérité et dans la Justice. Les philosophies et doctrines humaines sont toutes contaminées par des scories. Celles d'aujourd'hui débordent de venin. On ne plaisante pas avec les serpents venimeux. L'heure vient où le serpent n'est plus sous le charme et vous frappe de sa morsure fatale. Ne vous laissez pas empoisonner.

Restez unis à Moi. C'est en Moi que sont la justice, la paix et, l'amour. Ne recherchez pas d'autres doctrines. Vivez l'Évangile. C'est ainsi que vous serez heureux. Vivez de Moi, en Moi. Vous ne connaîtrez pas de grandes joies corporelles ; ce n'est pas Moi qui vous les procure. Moi, Je donne les joies véritables, qui ne sont pas seulement jouissance charnelle mais aussi spirituelle, des joies honnêtes, bénies, saintes, que J'accorde et que Je ratifie, celles auxquelles Je n'ai pas refusé de prendre part.

La famille, les enfants, un bien-être honnête, une patrie

prospère et tranquille, une bonne harmonie entre les frères et sœurs et entre les nations: voilà ce que Je qualifie de saint et que Je bénis. Avec tout cela, vous possédez également la santé, car une vie familiale vécue honnêtement donne un corps sain; vous êtes aussi sereins, car un commerce ou une profession accomplis honnêtement procurent la tranquillité de conscience; enfin vous possédez la paix et la prospérité de la patrie et de votre ville car, en vivant en bonne harmonie avec vos concitoyens et avec les peuples voisins, vous évitez les rancœurs et les guerres.

Le venin de Satan fermente dans votre sang, Je le sais bien, mes pauvres enfants. Mais Je Me suis donné Moi-même à vous comme antidote. Je vous ai appris à graver sur vous, en vous, mon Signe qui vainc Satan.

Circoncisez votre esprit avec Moi. C'est là une circoncision bien plus élevée et plus parfaite! Elle enlève de votre chair les cellules dans lesquelles les germes de mort vont se nicher et vous greffe la Vie que Je suis. Elle vous dépouille de l'animalité et vous revêt du Christ. Elle vous ensevelit en tant que fils d'Adam coupables — or, vous êtes coupables du péché originel comme de vos fautes personnelles — dans le baptême et la confession du Christ, et vous fait renaître enfants du Très haut.

Ne vous séparez pas de Moi. Oh! Il est certain que Je vous porterai au Ciel si vous continuez à faire partie de Moi. En outre, comme vous n'êtes pas tous «Ciel» mais qu'il reste toujours en vous un peu de la fange de la Terre, Je vous promets que la bénédiction du Père ne vous fera pas défaut, même sur cette boue: car le Père ne pourra que bénir son Fils, et Ma Puissance vous recouvrira tellement — si vous demeurez en Moi et priez avec Moi en disant «Notre Père» comme Je vous l'ai enseigné — que le Père vous donnera à la fois le Royaume des cieux, comme vous le demandez dans la première partie, et le pain quotidien et le pardon de vos fautes, comme il est demandé dans la seconde.

Si vous demeurez en Moi comme des enfants dans le sein de leur mère, notre Père ne pourra pas voir d'autre vêtement que celui que vous portez: Moi-même, votre Rédempteur, celui qui vous engendre au ciel, et son Fils; et Il fera pleuvoir ses grâces sur son Fils, l'objet de toute Sa complaisance pour lequel Il a fait aussi, en plus de toutes choses, le pardon et la gloire, pour la joie de Son Fils qui veut que vous soyez pardonnés et glorieux.

Votre mort, Je l'ai détruite par La Mienne. Vos fautes, Je les ai annulées par Mon sang. Je les ai rachetées par anticipation pour vous. J'ai tout rendu impuissant à vous nuire dans la vie future en clouant à Ma croix votre mal — de celui d'Adam à celui de chacun de vous —. Je peux dire que J'ai consommé tout le venin du monde en suçant l'éponge imprégnée de fiel et de vinaigre du Golgotha et que Je vous ai rendu ce mal en bien: en effet, par Ma mort Je l'ai distillé et J'ai transformé la mixture de la mort en eau de Vie, jaillie de Mon côté transpercé.

Demeurez en Moi avec pureté et force. Ne soyez pas hypocrites mais sincères dans votre foi. Ce ne sont pas les pratiques extérieures qui constituent la foi et l'amour. Celles-là, les sacrilèges les mettent aussi en œuvre et ils s'en servent pour vous tromper et s'attirer des gloires humaines. Vous ne devez pas être ainsi.

Souvenez-vous que, de même que Je vous ai régénérés à la vie de la grâce à laquelle vous étiez morts, Je vous ai ressuscités avec moi à la Vie éternelle. Aspirez donc à ce lieu de vie. Recherchez tout ce qui peut vous servir pour y pénétrer, toutes les choses spirituelles: la foi, l'espérance, la charité, les autres vertus qui font de l'homme un enfant de Dieu.

Recherchez la science infaillible, celle que contient mon enseignement. C'est elle qui vous rendra à même de vous diriger de telle sorte que le ciel soit à vous.

Recherchez la gloire. Non pas la gloire dérisoire et souvent coupable de la terre, que Je condamne fréquemment; Je juge toujours qu'elle n'est pas la gloire véritable, mais uniquement une mission que Dieu vous donne pour que vous en fassiez un moyen de parvenir à la gloire des cieux. La vraie gloire s'obtient par un renversement des valeurs du monde.

Le monde dit: «Jouissez, accumulez, soyez orgueilleux, puissants, sans cœur, haïssez pour vaincre, mentez pour triompher, soyez cruels pour dominer.» Mais Moi Je vous dis: «Soyez modérés, continents, sans être avides de chair, d'or ou de puissance, soyez sincères, honnêtes, humbles, aimants, patients, doux, miséricordieux. Pardonnez à ceux qui vous offensent, aimez ceux qui vous haïssent, aidez ceux qui sont moins heureux que vous. Aimez, aimez, aimez.»

En vérité, Je vous assure que pas un seul acte d'amour ne restera sans récompense, fût-il aussi minime qu'un soupir de compassion envers quelqu'un qui souffre. Une récompense infinie au ciel et, déjà, une grande récompense sur terre, que seul celui qui en fait l'expérience peut comprendre. La récompense de la paix du Christ à tous mes bons enfants, de la limpidité de la Parole aux «très bons» chez qui Je viens trouver Mon réconfort.

De La Réincarnation

Mes chers enfants que J'aime d'un amour bien plus grand que toute la haine qui circule comme un fluide infernal sur la Terre, aimez-Moi à votre tour. Quoi que vous fassiez ou disiez, que ce soit au nom de votre Jésus; par lui, vous rendrez ainsi grâces à Dieu votre Père, et la grâce du Seigneur demeurera sur vous comme une protection sur la terre et une auréole certaine pour le ciel».

Une Note De Maria Valtorta:

Ce «discours» a été fait il y a huit jours environ, donc vers le 10 ou le 11. Il y était dit, après diverses phrases, ceci: que les prêtres ne sont nécessaires ni à Dieu ni aux âmes car ils ne sont intéressés que par l'agent, etc., ne visent qu'à tirer profit de leur profession, etc.; que, une fois la guerre terminée, naturellement par la victoire de l'Allemagne, un nouveau et vrai culte sera instauré, de nouveaux et vrais temples seront ouverts: les fidèles de la nouvelle foi iront y voir consommer le sacrifice par lequel le pain sera donné au peuple germanique et son sang avec lui.

    Toutes ces paroles et promesses furent adressées par Hitler à ses sujets.

Le 25 Mai, 1944: Le Témoin De Maria Valtorta

Je vais tenter de décrire la vision béatifique inexprimable, ineffable, que j'ai eue hier, tard le soir. Elle m'a conduit du songe de l'âme au songe du corps, pour me paraître encore plus nette et belle lorsque j'ai repris mes sens. Mais avant d'entreprendre cette description, qui restera toujours plus éloignée de la vérité que nous du soleil, je me suis demandé: «Dois-je d'abord écrire, ou faire mes pénitences?» Je brûlais de décrire ce qui fait ma joie, et je sais qu'après ma pénitence je suis plus lente à accomplir l'effort matériel d'écrire.

Mais la voix de lumière de l'Esprit Saint — je l'appelle ainsi parce qu'elle est immatérielle comme la lumière bien qu'elle soit claire comme lumière la plus radieuse, et elle écrit pour mon âme ses paroles qui sont à la fois son, splendeur et joie, joie, joie —, sa voix de lumière, donc, me dit en m'enveloppant l'âme de son éclair d'amour:

«D'abord la pénitence, puis la mise par écrit de ce qui fait ta joie. La pénitence doit toujours tout précéder, en toi, car c'est elle qui te mérite la joie. Chaque vision naît d'une pénitence précédente et chaque pénitence t'ouvre la voie à une plus haute contemplation. Tu vis pour cette raison. Tu es aimée pour cette raison. Tu seras bienheureuse pour cette raison. Sacrifice, sacrifice. Ta voie, ta mission, ta force, ta gloire. Ce n'est que lorsque tu t'endormiras en nous que tu cesseras d'être hostie pour devenir gloire.»

J'ai donc commencé par faire toutes mes pénitences quotidiennes. Mais je ne les sentais même pas. Les yeux de mon âme «voyaient» la vision sublime, et cela supprimait toute sensibilité corporelle. Je comprends donc pourquoi les martyrs pouvaient supporter leurs horribles supplices avec le sourire. Si, chez moi qui leur suis tellement inférieure en vertu, une contemplation qui s'étend de l'esprit aux sens corporels peut y estomper toute sensation douloureuse, chez eux, qui sont aussi parfaits en amour qu'une créature humaine peut l'être et qui voient, de par leur perfection, la Perfection de Dieu sans voiles, cette contemplation devait produire une vraie suppression de leurs faiblesses matérielles. La joie de la vision abolissait la misère de la chair sensible à toute souffrance.

J'essaie maintenant de la décrire.

J'ai revu le paradis[29]. Et j'ai compris ce qui fait sa beauté, sa nature, sa lumière, son chant. Tout, en somme, et même ses œuvres, qui sont celles qui, de si haut, informent, règlent et pourvoient à tout l'univers créé. Comme l'autre fois déjà, au tout début de l'année, je crois, j'ai vu la sainte Trinité. Mais procédons dans l'ordre.

Les yeux de l'esprit sont, certes, beaucoup plus capables de soutenir la Lumière que les pauvres yeux du corps qui ne peuvent fixer le soleil, alors que cet

---

29   Déjà vu le 10 janvier

astre ressemble aux petites flammes d'une mèche fumante en comparaison de la Lumière qui est Dieu. Néanmoins, ils ont besoin de s'habituer graduellement à la contemplation de cette Beauté élevée.

Dieu est si bon que, bien qu'il veuille se révéler dans tout son éclat, il n'oublie pas que nous sommes de pauvres âmes encore prisonnières d'une chair et, par conséquent, affaiblies par cette prison. Oh! Comme ils sont beaux, resplendissants et dansants, les esprits que Dieu crée à chaque instant pour être l'âme de nouvelles créatures! Je les ai vus et je le sais. Mais nous... tant que nous ne serons pas retournés à lui, nous ne pouvons soutenir la Splendeur d'un seul coup. Alors, dans sa bonté, il nous en approche graduellement.

Hier, donc, ce que j'ai vu en premier ressemblait à une immense rose. Je dis «rose» pour donner l'idée de ces cercles de lumière joyeuse qui se centraient toujours plus autour d'un point à l'éclat insoutenable.

Une rose sans limites! Sa lumière était celle qu'elle recevait de l'Esprit Saint, la lumière très splendide de l'Amour éternel. C'était du topaze et de l'or liquide devenus flammes... Oh! Je ne sais comment l'expliquer. Lui, il rayonnait, très haut et seul, immobile sur le saphir immaculé et extraordinairement splendide de l'Empyrée. La Lumière en descendait en flots inépuisables. Cette Lumière pénétrait dans la rose des bienheureux et des chœurs angéliques et la rendait lumineuse de sa lumière, qui n'est que le produit de la lumière de l'Amour qui la pénètre. Toutefois, je n'apercevais pas de saints ou d'anges. Je voyais seulement les festons immesurables des cercles de la fleur paradisiaque.

J'en étais tout heureuse et j'aurais béni Dieu pour sa

bonté quand, au lieu de se cristalliser ainsi, la vision s'ouvrit sur de plus vastes splendeurs, comme si elle s'était approchée de plus en plus près de moi pour me permettre de l'observer de l'œil spirituel, désormais habitué au premier éclat et capable d'en supporter un plus fort.

J'ai alors vu Dieu le Père, Splendeur dans la splendeur du paradis : des lignes d'une lumière toute resplendissante, toute pure, incandescente. Pensez: si je pouvais le distinguer dans ce flot de lumière, quelle devait être sa Lumière qui, bien qu'entourée d'une telle autre, l'estompait comme si ce n'était qu'une ombre devant son éclat? Esprit... Oh, comme on voit ce qui est esprit! C'est Tout. Si parfait que c'est Tout. Ce n'est rien, car même le toucher de tout autre esprit du paradis ne pourrait atteindre Dieu, l'Esprit le plus parfait, même dans son immatérialité: Lumière, Lumière, et rien d'autre.

Face à Dieu le Père se trouvait Dieu le Fils. Il était revêtu de son corps glorifié, sur lequel resplendissait l'habit royal qui en couvrait les membres sans en cacher la beauté absolument indescriptible. Majesté et bonté s'unissaient à cette beauté. Les charbons de ses cinq plaies lançaient cinq épées de lumière sur tout le paradis et accroissaient son éclat et celui de sa Personne glorifiée.

Il n'avait ni auréole ni couronne de quelque sorte que ce soit. En revanche, son corps tout entier émettait de la lumière, cette lumière particulière des corps spiritualisés; extrêmement intense chez lui et chez sa Mère, elle se dégage de la Chair qui est chair, sans toutefois être opaque comme la nôtre.

C'est une chair qui est lumière. Cette lumière se

condense encore plus autour de sa tête. Non pas comme une auréole, je le répète, mais autour de toute sa tête. Son sourire était lumière, son regard était lumière, de la lumière perçait de son front superbe, sans blessure. J'avais l'impression que, là où les épines avaient jadis fait couler du sang et provoqué des souffrances, il en suintait maintenant une luminosité plus vive.

Jésus, debout, tenait l'étendard royal comme dans la vision que j'ai eue, je crois, en janvier.

La sainte Vierge se trouvait un peu plus bas que lui, mais de bien peu, comme peut l'être un degré ordinaire d'échelle. Elle était belle comme elle l'est au ciel, autrement dit dans sa parfaite beauté humaine glorifiée en beauté céleste.

Elle se tenait entre le Père et le Fils, que quelques mètres séparaient (si l'on peut utiliser ces comparaisons sensibles). Elle était au milieu, les mains croisées sur la poitrine — ses mains douces, très pures, petites et si belles —; le visage légèrement levé — son doux visage, parfait, plein d'amour, très tendre —, elle regardait le Père et le Fils, en adoration.

Pleine de vénération, elle contemplait le Père. Elle ne disait rien. Mais tout son regard était une voix d'adoration, une prière, un chant. Elle n'était pas à genoux. Mais son regard exprimait qu'elle était plus prosternée que dans la plus profonde des génuflexions, tant il était plein d'adoration. Elle disait: «Saint!», elle disait: «Je t'adore!» par son seul regard.

Pleine d'amour, elle contemplait son Jésus. Elle ne disait rien. Mais tout son regard était caresse. Chaque caresse de ses doux yeux disait: «Je t'aime!» Elle n'était pas assise. Elle ne touchait pas son Fils. Mais son regard le recevait comme si elle le tenait sur la poitrine et l'enlaçait de ses bras maternels comme pendant son enfance et à sa mort, sinon davantage. Elle disait: «Mon Fils!», «Ma joie!», «Mon Amour» de son seul regard.

Regarder le Père et le Fils faisait ses délices. De temps à autres, elle levait le visage et les yeux plus haut pour chercher l'Amour qui resplendissait tout en haut, perpendiculairement. Alors sa lumière éblouissante, faite de perle devenue lumière, s'allumait comme si une flamme se saisissait d'elle pour l'enflammer et l'embellir. Elle recevait le baiser de l'Amour et se tendait, avec toute son humilité et sa pureté, avec toute sa charité, pour répondre par une caresse à la Caresse et dire: «Me voici. Je suis ton Epouse, je t'aime et je suis à toi. À toi pour l'éternité.» Et l'Esprit flamboyait plus fort quand le regard de Marie se fondait dans ses splendeurs.

Puis Marie tournait à nouveau les yeux vers le Père et vers le Fils. On aurait dit que, rendue dépositaire de l'Amour, elle le distribuait. Mais quelle pauvre image je prends! Je vais mieux m'exprimer: on aurait dit que l'Esprit l'élisait pour être celle qui, recueillant en elle-même tout l'Amour, le portait ensuite au Père et au Fils, afin que les Trois s'unissent et s'étreignent l'un l'autre en devenant Un. Oh! Quelle joie de comprendre ce poème d'amour! Quelle joie de voir la mission de Marie, siège de l'Amour!

Toutefois, l'Esprit ne concentrait pas ses splendeurs sur Marie uniquement. Notre Mère est grande, seul Dieu lui est supérieur. Toutefois un bassin, même s'il est très grand, peut-il contenir l'océan? Non. Il s'en remplit et en déborde. Mais l'océan étend ses eaux sur la terre entière. Ainsi en est-il de la Lumière de l'Amour Telle une perpétuelle caresse, elle descendait sur le Père et sur le Fils et les enlaçait dans un anneau de splendeur. Après s'être béatifiée au contact du Père et du Fils qui répondait avec amour à l'Amour, elle s'élargissait encore et s'étendait au paradis tout entier.

Celui-ci se révéla en détail... Il y a les anges. Ils se trouvent au-dessus des bienheureux, en cercles autour de ce pivot du ciel qui est Dieu un et trine, avec au cœur ce joyau virginal qu'est Marie. Ils ressemblent plus fortement à Dieu le Père. Esprits parfaits et éternels, ils ont des silhouettes de lumière, d'une lumière inférieure uniquement à celle de Dieu le Père, et ont une forme de beauté indescriptible. Ils adorent... ils dégagent de l'harmonie. Comment? Je l'ignore. Peut-être par la palpitation de leur amour. Car il n'y a pas de paroles; et les lignes de leur bouche ne font pas changer leur luminosité. Ils resplendissent comme des eaux immobiles frappées par un soleil ardent. Mais leur amour est chant, il est une harmonie tellement sublime que seule une grâce de Dieu peut permettre de l'entendre sans en mourir de joie.

Plus bas se trouvent les bienheureux. Leur aspect spiritualisé leur donne de ressembler plutôt au Fils et à Marie. En comparaison des anges, ils sont plus compacts, je dirais perceptibles à l'œil et —c'est une impression — au toucher. Cependant, ils sont toujours immatériels. Mais, chez eux, les traits physiques sont plus prononcés et diffèrent de l'un à l'autre. Cela me permet de comprendre qui est adulte ou enfant, homme ou femme. Je n'en vois pas de vieux, si l'on entend par là la décrépitude.

Il semble que, même quand les corps spiritualisés sont ceux d'une personne morte à un âge avancé, là-haut toute marque de délabrement charnel disparaisse. Il y a plus de majesté chez une personne âgée que chez un jeune, mais rien de cette misère faite de rides, de calvities, de bouches édentées et de dos voûtés propre aux humains. On dirait que leur âge maximum tourne autour de quarante ou quarante-cinq ans, autrement dit celui de la virilité épanouie, même si leur regard et leur aspect ont une dignité patriarcale.

Parmi cette foule... Oh! Quelle grande foule de saints! Et quelle foule d'anges! Les cercles se perdent progressivement, deviennent un sillage de lumière à travers les splendeurs bleu turquoise d'une immensité sans bornes! Et de tout au loin, de tout au loin, de cet horizon céleste, les sons d'alléluias sublimes proviennent encore, et la lumière vibre, elle qui est l'amour de cette armée d'anges et de bienheureux...

Parmi cette foule je vois, cette fois, un esprit imposant. Grand, sévère, et pourtant bon. Il a une longue barbe qui descend jusqu'à la mi-hauteur de sa poitrine, et il tient des tables. Les tables semblent être celles, en cire, dont les Anciens se servaient pour écrire. Il s'y appuie de la main gauche et les tient appuyées sur son genou gauche. J'ignore de qui il s'agit. Je pense à Moïse ou à Isaïe. Je ne sais pas pourquoi, mais c'est ainsi. Il me regarde et sourit avec une grande dignité. Rien d'autre. Mais quels yeux il a! Ils sont faits, précisément, pour dominer les foules et pénétrer les secrets de Dieu.

Mon âme devient de plus en plus capable de voir dans la Lumière. Et je m'aperçois que ces miracles incessants que sont les œuvres de Dieu se produisent à chaque fusion des trois Personnes, fusion qui se répète à un rythme rapide et ininterrompu, comme sous l'aiguillon d'une faim insatiable d'amour.

Je vois que le Père crée les âmes, par amour du Fils à qui il veut donner un nombre toujours plus grand de disciples. Oh! Que c'est beau! Elles sortent du Père comme des étincelles, comme des pétales de lumière, comme des joyaux globulaires; en fait, je ne suis pas capable de les décrire. C'est un jaillissement incessant d'âmes nouvelles... Elles sont belles, joyeuses de descendre entrer dans un corps par obéissance à leur Auteur. Comme elles sont belles quand elles sortent de Dieu! Etant donné que je suis au paradis, je ne vois pas, je ne peux pas voir, à quel moment la faute originelle les tache.

Par zèle pour son Père, le Fils ne cesse de recevoir et de juger celles qui, à la fin de leur vie, reviennent à l'Origine pour y être jugées. Je ne vois pas ces âmes. Aux changements de l'expression de Jésus, je comprends si elles sont jugées avec joie, avec miséricorde ou avec inexorabilité. Quel éclat a son sourire quand un saint se présente à lui! Quelle lumière de triste miséricorde lorsqu'il lui faut se séparer d'une âme qui doit se purifier avant d'entrer dans le Royaume! Quel éclair d'offense et de douloureux courroux quand il doit répudier un rebelle pour l'éternité!

C'est là que je comprends ce qu'est le paradis, et ce qui fait sa beauté, sa nature, sa lumière et son chant. Il est fait d'amour. Le paradis est amour. En lui, c'est l'amour qui crée tout. L'amour est le fondement sur lequel tout repose. L'amour est le sommet dont tout provient.

Le Père agit par amour. Le Fils juge par amour. Marie

vit par amour. Les anges chantent par amour. Les bienheureux louent par amour. Les âmes sont formées par amour. La lumière existe parce qu'elle est amour. Le chant existe parce qu'il est amour. La vie existe parce qu'elle est amour. Oh! Amour! Amour! Amour! ... Je m'anéantis en toi. Je ressuscite en toi. Je meurs comme créature humaine, car tu me consumes. Je nais créature spirituelle, car tu me crées.

Sois béni, béni, béni, Amour, toi, la troisième Personne! Sois béni, béni, béni, Amour qui est l'amour des Deux Premières! Sois béni, béni, béni, Amour qui aime les Deux qui te précèdent! Sois béni, toi qui m'aimes. Sois béni par moi qui t'aime car tu me permets de t'aimer et de te connaître, ô ma Lumière...

Après avoir écrit tout cela, j'ai recherché dans mes carnets ma précédente contemplation du paradis. Pourquoi? Parce que je me méfie toujours de moi, et je voulais voir si l'une des deux était en contradiction avec l'autre, ce qui m'aurait persuadée que je suis victime d'une tromperie.

Mais non. Il n'y a pas de contradiction. Celle-ci est encore plus nette, mais les grandes lignes sont les mêmes. La précédente date du 10 janvier 1944. Et, depuis lors, je ne l'avais plus regardée. Je pourrais vous le jurer.

Le 25 Mai, 1944: Jésus

Le Soir

Jésus Me Dit:

« Au paradis que l'Amour t'a fait contempler, il y a uniquement les «vivants» dont Isaïe parle au chapitre 4, l'une des prophéties qui seront lues dimanche prochain[30]. Ce sont les phrases suivantes qui indiquent comment devenir «vivants». L'esprit de justice et l'esprit de charité effacent les taches existantes et préservent de nouvelles corruptions[31].

Cette justice et cette charité que Dieu vous donne et que vous devez lui donner vous conduiront à l'ombre du Tabernacle éternel et vous y garderont. Là, la chaleur des passions et les ténèbres de l'Ennemi deviendront inoffensives, car elles seront neutralisées par votre saint Protecteur: plus amoureux qu'une poule pour ses poussins, il vous tiendra sous la protection de ses ailes et vous défendra contre tout assaut surnaturel. Mais ne vous éloignez jamais de lui, qui vous aime.

Pense, Mon âme, à la Jérusalem qui t'a été montrée. Est-ce qu'elle ne mérite pas que l'on s'efforce de la posséder?

---

30   Dimanche 28 mai 1944, jour de la Pentecôte (voir le calendrier). Textes du missel alors en vigueur.

31   Isaiah 4: 4

Remporte la victoire. Je t'attends. Nous t'attendons.
Oh! Nous voudrions tellement dire cela à tous les êtres, du moins à tous les chrétiens, du moins à tous les catholiques, mais nous ne pouvons le dire qu'à tellement peu de gens!

En voilà assez, parce que tu es fatiguée. Repose-toi en pensant au paradis.»

Le 29 Juin, 1944: Jésus

Jésus Dit:

« Par amour pour l'obéissance et de la vérité. Vous avez été lourdement puni pour ne pas avoir voulu suivre la « voix » intérieure et les mots de votre directeur. Mais si la punition dure, le péché a été annulé par la cause même qui vous a conduit pour offrir une résistance. vous avez agi pour une raison aimante, et l'amour couvre le péché et détruit. ne pas faire plus, bien. au-dessus de la voix de toute nature est la mienne et celle de celui qui vous parle en mon nom, et ceux-ci doivent toujours être écoutés. Vous avez agi comme un enfant inattentif. Mais depuis que je suis juste, je calculer les circonstances atténuantes et de regarder la raison aimante qui, même si l'homme, est toujours l'amour, et je serai en mesure de tirer bon, même de cette erreur de la vôtre. Allez en paix «.

Plus tard, Jésus dit:

« **T**out être vivant et tout ce qui concerne la vie meurt et disparaît, pour ne jamais revenir. La joie, la tristesse, la santé, la maladie et la vie sont des épisodes qui viennent et se dissolvent, tôt ou tard, et ne reviennent plus, sous cette forme, jamais . La joie ou le douleur, la santé ou la maladie peut revenir sous d'autres formes et avec d'autres visages. Mais cette joie particulière, cette douleur spécifique, cette maladie, et telle santé ne reviennent jamais. Il est une chose du moment. Lorsque ce moment est terminé, un autre moment que cela va venir, mais celui-là, jamais.

Et la vie ... Oh, la vie, une fois terminée, ne revient jamais! On vous donne une heure de l'éternité, un moment d'éternité, à la conquête de l'éternité.

Avez-vous jamais considéré que ce motif pourrait être appliqué à la parabole de l'argent dont Luc parle?

On vous donne une pièce de monnaie de l'éternité. Le Seigneur confie à vous et dit, 'Aller. Faites des affaires avec votre pièce de monnaie jusqu'à ce que je revienne. » Et, à son retour, ou plutôt, votre retour à Lui, Il vous demande: «Qu'avez-vous fait avec la pièce de monnaie que vous avez reçu? Et le fidèle serviteur peut joyeusement répondre, 'Voici, mon Roi. Avec cette pièce de l'éternité j'ai fait ce travail et que l'un et l'autre un. Et, pas par mon calcul, mais par la parole d'un ange, je sais que je l'ai gagné dix fois plus ». Et le Seigneur lui dit: «Eh bien fait, fidèle serviteur! Depuis tu as été fidèle en peu de chose, tu as le pouvoir sur dix villes, et, dans votre cas, vous domineront ici, où je règne pour l'éternité, à la fois, car vous avez travaillé comme autant que vous pouvez.

Un autre, lorsqu'il est appelé par Dieu, dira: «Avec votre pièce je l'ai fait ceci et cela. Vous voyez, mon roi, ce qui est écrit sur moi. Et je dirai, 'Entrez aussi, car vous avez travaillé autant que vous le pouvez. «

Mais celui qui me disent: «Vous êtes ici: la pièce est la même. Je ne fais pas affaire avec elle parce que je craignais de votre justice, je dirai: «Va et de connaître l'amour du purgatoire et de travailler là-bas à la conquête du royaume, car vous avez été un serviteur paresseux et n'a pas pris la peine pour arriver à savoir qui je suis et me jugez injuste, doutant de ma justice et d'oublier que je suis l'Amour. Laissez votre pièce être transformé en expiation ».

Et à celui qui se présente à moi, en disant: «Je gaspillé votre pièce et l'a utilisé pour mon propre plaisir parce que je ne croyais pas ce royaume réellement existé et je voulais profiter de l'heure qui avait été donnée moi, je dirai avec indignation , «serviteur Foolish et blasphémer! Que Mon cadeau vous sera enlevé et déposé dans le Trésor éternel, et comme pour vous, aller là où Dieu est absent et la vie est pas présent, car tu as voulu ne pas croire et avoir voulu profiter. Vous avez apprécié. Vous avez déjà reçu, alors, votre joie de la chair sans âme. Le royaume de l'éternité est toujours fermée à vous.

Combien de fois je dois tonner ces mots si je juge seul! Mais l'amour est plus grand que mon Justice. Le premier est parfait, et est donc celle-ci. Mais l'amour est ma nature et l'emporte sur mes autres perfections. Voilà pourquoi je temporisent avec le pécheur, travaillant d'une manière telle que l'un blâmable ne périt pas tout à fait.

Je vous donne le temps. Ceci est à la fois l'amour et la justice. Que diriez-vous si je vous frappé à la première erreur? Vous diriez: «Pourquoi, Seigneur! Si vous me l'aviez donné le temps de réfléchir, je me repens! Je vous laisse le temps. Vous êtes en faute un, deux, dix, soixante-dix fois, et je pourrais te frapper. Je vous donne le temps. Alors que vous ne pouvez pas dire à moi, 'Vous ne présentez pas bénignité'

Non, ce que vous qui ne sont pas benignant envers vous-mêmes est. Et vous dépouillez-vous de la richesse que je l'ai créé pour vous. Et vous suicider, emportant la vie que je l'ai créé pour vous.

La plupart d'entre vous perdez ou mal utiliser la pièce de l'éternité que je vous donne, et vous rendre la journée terrestre pas, en effet, votre gloire éternelle, mais les moyens de la souffrance éternelle. La minorité, peur de ma justice, reste immobile et se condamne à apprendre qui est Dieu comme Amour est au milieu des flammes de l'amour purgatif.

Seule une très petite partie est en mesure d'évaluer mon coin et d'investir pour un gain de dix fois, plonger dans l'amour, comme un poisson dans un étang clair, et aller en amont pour atteindre la source, son Dieu, et lui dire: «Ici, je un m. Je l'ai cru, aimé et espéré en vous. Vous avez été ma foi, mon amour, et mon espoir. Je viens maintenant, et ma foi et mon espérance cessons, et tout devient amour. Car je plus besoin maintenant d'espérer en toi et dans cette vie. Je vous ai maintenant, mon Dieu. Et vous aimer, juste vous aimer, est la tâche éternelle de cette vie éternelle de la mienne.

Soyez l'un d'eux, l'âme de la mine, et ma paix soit avec vous pour vous aider dans ce travail. «

Les Âmes Du Purgatoire De Montefalco

Extrait de « Celui qui mourra verra... »
Par Dolindo Ruotolo, Prêtre, Chapitre XIII

Avant d'en finir avec le mystère et la réalité absolue du Purgatoire, nous parlerons de la manifestation d'une âme du Purgatoire qui eut lieu dans la ville de Montefalco, du Diocèse de Spoleto en Italie, entre le 2 septembre 1918 et le 9 novembre 1919. Les manifestations suivantes, grâce à des témoins dont la foi était hautement respectée, ont été reconnues lors d'un procès ecclésial requis par Monseigneur Peter Pacifici, évêque de Spoleto en Italie, du 27 juillet au 8 août 1921. Ce qui est arrivé suit ici.

Toutes ces manifestations extraordinaires, d'un total de vingt-huit, ont eu lieu dans le Monastère St Léonard à Montefalco, où vit une large communauté de l'Ordre des Pauvres Dames (à ce jour, les clarisses l'occupent toujours). Le 2 septembre, le carillon sonna dans la sacristie et Sœur Marie-Thérèse du Christ, Abbesse du monastère, alla répondre. Une voix lui dit :

« Il me faut ici faire la charité. »

La sœur tourna le plateau et y trouva dix lires. L'Abbesse demanda quelle était la raison de ce don, s'il s'agissait de la célébration d'une messe spécifique pour quelqu'un, un Triduum ou pour d'autres prières. Ce à quoi, la voix répondit : « Aucune raison particulière. »

L'Abbesse demanda alors : « Excusez-moi, mais pourrais-je savoir à qui je parle ? »

La voix répondit : « Ceci n'a aucune importance. »

La voix semblait bienveillante quoiqu'affligée, lointaine et pressée, telle celle de quelqu'un qui serait en fuite.

Cette scène se répéta le 5 octobre, le 31 octobre, le 29 novembre et le 9 décembre ainsi que le 1er et le 29 janvier 1919, à chaque fois avec le même procédé. Dix lires étaient déposées sur le plateau pivotant, et aux questions de l'Abbesse, la voix répondait : « Il est toujours bon de prier. »

Le 14 mars 1919, alors que les sœurs effectuaient leur examen de conscience aux environs de huit heures du soir, le carillon sonna par deux fois. L'Abbesse se dirigea vers la porte et trouva à nouveau dix lires lorsqu'elle tourna le plateau. Cependant, elle n'eu aucune réponse à ses questions. Surprise, l'Abbesse appela une des servantes pour faire le tour de leur église, fermée à cette heure de la journée, et de laquelle seules les nonnes avaient les clés, afin de voir s'il y avait quelqu'un dans les environs. Il n'y avait effectivement personne dehors ni dans l'église. C'est à partir de ce moment que les sœurs commencèrent à suspecter que la personne faisant ces dons n'avait pas d'entité charnelle.

Le 11 avril, tout comme les fois précédentes, dix lires furent retrouvées sur le plateau pivotant, mais la voix qui répondit à l'Abbesse demanda à ce que des prières soient dites en faveur d'une personne décédée.

La dixième manifestation eu lieu le 10 mai.

Peu de temps avant la période de silence, aux environs de 21 h 30, le carillon sonna à nouveau. L'Abbesse se dirigea vers la porte avec trois autres moniales, Sœur Marie Francesca des Cinq Plaies, Sœur Amante Marie de Saint Antoine et Sœur Angélique Ruggeri. Elles trouvèrent sur le plateau vingt lires sous forme de deux coupures de dix lires chacune, placées en croix. Encore une fois, personne n'était en vue et l'église était vide.

Les 25 mai, 4 juin et 21 juin, dix lires furent trouvées sur le plateau pivotant, sans que personne ne réponde ni ne soit en vue.

Le 7 juillet à deux heures de l'après-midi, le carillon retentit. L'Abbesse pensa tout d'abord qu'il y avait des enfants dans l'église, et parce que les moniales étaient en pleine retraite, elle choisit de ne pas répondre. Elle ferma les yeux un instant pour se reposer, mais une voix provenant de l'extérieur de la pièce lui dit : « Le carillon a sonné dans la sacristie. »

Elle alla à la Sacristie et entendit la voix habituelle : « J'ai déposé dix lires pour des prières. »

« Au Nom de Dieu, qui êtes-vous ? » demanda l'Abbesse.

Ce à quoi la voix répondit « Ceci n'est pas permis » avant de se taire.

Plus tard, l'Abbesse demanda aux autres Sœurs si l'une d'entre elle l'avait appelé depuis une autre pièce, mais personne ne l'avait fait.

Le 18 juillet, après la période de silence, aux environs de 21 h 30, l'Abbesse alla fermer la porte du four qui était restée ouverte lorsque le carillon s'enclencha. Elle se dirigea vers la Sacristie et prononça les salutations « Loués soient Jésus et Marie » lorsqu'elle entendit la voix répondre « Amen » avant d'ajouter « Je vous laisse ici la charité pour les prières habituelles. » L'Abbesse rassembla tout son courage et demanda « Au Nom de Dieu et de la Sainte Trinité, qui êtes-vous ? »

La même voix lui répondit « Ceci n'est pas permis » puis se tût. Encore une fois, il n'y avait personne en vue. L'église était vide et fermée.

Le 27 juillet, l'Abbesse trouva dix lires sur le plateau pivotant mais ne sût pas qui les y avait placées.

Aux environs de vingt heures le 12 août, à nouveau avec le carillon et les dix lires sur le plateau pivotant. Cette fois, l'Abbesse se dirigea vers la porte, accompagnée de deux autres moniales : Sœur Marie Nazarena de Notre-Dame des Douleurs et Sœur Claire Bénédicte Joséphine du Sacré Cœur. Cette fois encore, il n'y avait personne en vue. Le Révérend Père Alexandre Climati, Pasteur de l'église St Bartholomée et Confesseur des moniales fut appelé, ainsi que Père Agazio Tabarrini, Pasteur de Casale, Aumônier du Monastère et Père Angelo, Gardien des Capucins Franciscains. Ils allèrent voir dans l'église, accompagné par la servante, mais elle était vide.

Le 19 août, aux environs de 18 h 30, le carillon retentit à nouveau. L'Abbesse prononça le « Loués soient Jésus et Marie », ce à quoi la voix répondit « Amen » puis aussitôt après « Voici un don pour des prières ». L'Abbesse lui dit : « Nous dirons les prières, mais gardez cet argent et donnez-le à quelqu'un qui en a plus besoin que nous. »

La voix, affligée, lui répondit : « Prenez-le, s'il vous plait, c'est un acte de miséricorde. »

L'Abbesse lui demanda : « Peut-on savoir qui vous êtes ? »
La voix répondit : « C'est toujours moi. » puis se tût.

Dix lires furent retrouvées. Les faits se répétèrent le 28 août et le 4 septembre. L'Abbesse ne put jamais obtenir une réponse. Vers 9 h 15 le 16 septembre, elle entendit le carillon alors qu'elle verrouillait la porte du dortoir. Accompagnée d'une moniale, elle se dirigea vers la porte et trouva dix lires sur le plateau pivotant. L'Abbesse décida de ne pas prendre l'argent, et, lorsqu'elle fut sur le point de partir, elle entendu une voix qui lui dit : « Prenez-le, pour satisfaire la Justice Divine. » Ce à quoi, l'Abbesse répondit : « Répétez cette courte prière : Soyez bénie la Sainte et parfaitement Pure, l'Immaculée Conception la Très Sainte Vierge Marie. » La courte prière fut fidèlement répétée.

Le 21 septembre, dix lires furent trouvées sur le plateau pivotant mais personne n'était en vue. Le 3 octobre, aux alentours de neuf heures du soir, après la période de silence, l'Abbesse était en train de regarder par la fenêtre lorsque le carillon retentit. La conversation se déroula comme les autre fois et l'Abbesse refusa de prendre l'argent en arguant que son Confesseur n'aimait pas la situation car il pensait qu'il s'agissait d'une manifestation diabolique. La réponse lui fut donnée: « Je suis une âme présente au Purgatoire. Cela fait quarante ans que j'y suis car j'ai dilapidé l'argent de l'église. »

Le 6 octobre, une messe fut célébrée en faveur de cette âme. Peu après, le carillon retentit et l'Abbesse se dirigea vers la porte et la voix déclara : « Merci beaucoup, je laisse ici ce don. »

L'Abbesse voulu lui parler mais n'obtenu aucune réponse à ses questions. La sacristie était fermée mais dix lires étaient posées sur le plateau pivotant. La même scène se répéta le 10 octobre. Lorsque l'Abbesse posa plus de questions sur l'identité de la voix, celle-ci répondit :

« Le Jugement de Dieu est droit et juste.

« Comment est-ce possible ? J'ai tenu plusieurs messes à votre attention. Une seule est nécessaire pour libérer une âme et vous êtes encore au Purgatoire ? »

La voix lui répondit : « Je n'en reçoit qu'une fraction. » Ce après quoi, elle ne répondit plus à aucune question et vingt lires furent retrouvées.

À 8 h 45 le 20 octobre, alors que la période de silence venait tout juste de commencer, l'Abbesse, Sœur Marie Rosalie de la Croix et Sœur Claire Josépha du Sacré Cœur étaient en train de monter les escaliers lorsque le carillon retentit. L'Abbesse retrouva les dix lires habituelles mais personne ne lui répondit. Elle ne prit pas le don et repartit pour aller fermer la porte du dortoir. Le carillon retentit à nouveau. Elle retourna vers la porte et salua « Loués soient Jésus et Marie », ce à quoi la voix répondit « Amen ». Puis, une voix presque inaudible dit : « Prenez ce don, c'est un acte de miséricorde. » Après que l'Abbesse l'eut pris, la voix lui dit : « Merci. »

Le 30 octobre à 14 h 45, l'Abbesse entendit une voix qui venait d'une autre pièce et qui lui dit : « Le carillon a sonné. » Elle alla ouvrir la grille de la porte, et à ses salutations habituelles, la voix répondit : « Amen. Prenez ce don. » L'Abbesse ne le laissa pas terminer sa phrase et dit : « Excusez-moi, mais sur ordre de mon Confesseur, je ne peux accepter ce don. Au nom de Dieu et sur ordre de mon Confesseur, dévoilez votre identité. Êtes-vous un prêtre ? »

La voix lui répondit:

« Oui. »

« Les biens que vous avez dilapidés appartenaient-ils à ce Monastère ? »

«Non, mais j'ai reçu la permission de faire ces dons ici.» fut la réponse qu'elle obtenu.

L'Abbesse demanda : « Où avez-vous trouvé cet argent ?»

L'âme lui dit: « Le Jugement de dieu est droit et juste.»

L'Abbesse dit: « Je ne pense pas que vous soyez une âme, mais quelqu'un faisant une mauvaise blague. »

L'âme demanda: « Souhaitez-vous un signe?

« Non, répondit l'Abbesse, parce que j'ai peur. Je vais aller chercher une autre Sœur, je reviens très bientôt.»

L'âme lui dit: « Je ne peux pas attendre, je n'ai pas l'autorisation. »

De toute évidence, il n'était pas possible à cette âme de se manifester en la présence d'autres personnes, en raison de la peur et de l'agitation qui en aurait découlé.

L'Abbesse pris les dix lires et l'âme dit : « J'entre maintenant dans la prière. »

À ce jour, l'âme avait laissé sur le plateau pivotant un total de trois cents lires. Lorsqu'elle remercia l'Abbesse d'avoir pris l'argent, cette dernière lui demanda :
« Pouvez-vous prier pour moi, pour notre Communauté et pour notre Confesseur ? »

L'âme répondit : « Benedictus Dei qui... » (La bénédiction de Dieu qui...) Le chuchotement de la voix diminua jusqu'à ce qu'on ne puisse plus l'entendre. Cependant, cette fois, elle ne semblait pas aussi pressée que précédemment et semblait moins vide ; elle avait semblé venir de l'extérieur mais donnait maintenant l'impression de lui parler directement à côté de son oreille droite. Lorsque la voix disparut, l'Abbesse l'entendit du côté gauche.

La dernière manifestation eu lieu le 9 novembre. Aux alentours de 16 h 15, l'Abbesse entendit le carillon de la sacristie retentir depuis les dortoirs. À sa salutation « Loués soient Jésus et Marie », la voix habituelle répondit : « Puissent-ils être loués à tout jamais. Je vous remercie, vous ainsi que votre Communauté car dorénavant je ne souffre plus. » L'Abbesse lui dit: « Remerciez également les Prêtres ayant célébré plusieurs messes pour vous, n'est-ce pas ? Le Confesseur, Père Luigi Bianchi et Père Agazio ? »

La voix répondit: « Je vous remercie tous. »

L'Abbesse fit ensuite cette remarque : « J'aimerais pouvoir descendre au Purgatoire, là où vous étiez, afin que je puisse être vraiment sûre… »

L'âme lui dit: « Suivez la Volonté du Tout-Puissant. »

L'Abbesse: « Prierez-vous pour moi, pour la Communauté, pour mes parents s'ils sont au Purgatoire, pour le Confesseur, pour Père Luigi Bianchi, pour le Pape, pour les Évêques, pour le Cardinal Ascalesi? »

L'âme répondit : « Oui. »

L'Abbesse: « Bénissez-moi, ainsi que toutes ces personnes. »

La Voix : « Benedictio Domini super vos. » (Que la Bénédiction de Dieu soit s'étende sur vous tous)

Le matin précédant cette dernière manifestation, le Père jésuite Luigi Bianchi célébra une messe pour le repos des défunts à l'Autel Privilégié dans l'Église des Jésuites, l'Église de Jésus à Rome.

Lors des premières manifestations, la voix du Prêtre décédé était triste.

Le temps passant, elle devint de plus en plus joyeuse et sembla même très heureuse la dernière fois. Le son du carillon était initialement triste et faible. Il semble maintenant exprimer un sentiment de paix et de joie dans le cœur de ceux l'ayant entendu. Après les premières manifestations, toutes les moniales priaient pour le mort aussitôt qu'elles l'entendaient. Avec les trois cents lires que l'âme avait laissées, trente-huit messes furent célébrées en sa faveur.

Ce récit est authentique, écrit par les Sœurs de l'ordre des clarisses du Monastère St Léonard à Montefalco, en Italie.

Il fut immédiatement rapporté à l'Archevêque de Spoleto, Monseigneur Pietro Pacifici, à Son Éminence le Cardinal Pompili, Vicaire du Saint Père à Rome, à Son Éminence le Cardinal Ascalesi de Naples en Italie et à beaucoup d'autres personnes. Les numéros de série 041161 et 2694 d'un des billets de dix lires furent conservés en commémoration.

En juillet 1921, Monseigneur Pietro Pacifici souhaita mettre en place un procès en canonisation et fit appel à Monseigneur Giovanni Capobianco qui fut Juge à la Cour à Rome. Les procès-verbaux du procès sont conservés dans les Archives de l'Archevêque Curia à Spoleto. Ils sont composés de deux cents pages dans le respect du protocole. Ils contiennent les dépositions de douze témoins requis par le Postulateur. Il s'agit de sept moniales, du Révérend Père Agazio Tabarrini, Aumônier du Monastère, du Père Franciscain Capucin Valentino da Giano, de Millej Catherine, servante au Monastère, du Révérend Thomas Casciola, Pasteur à l'église St Bartholomée et M. Ponziani Vergari.

Trois disposition additionnelles furent ajoutées en vertu de leur rang : le très remarquable Cardinal Alessio Ascalesi, Monseigneur Climati et le Docteur de Montefalco Alessandro Tassinari. Dans l'appendice du document ci-dessus, et parmi d'autres, sont rapportés les procès-verbaux de la première enquête sur les manifestations et la déposition du Père jésuite Luigi Bianchi, représenté par son Provincial puisque ce Prêtre ne pouvait pas être présent.

Le résultat de ce procès fut positif et les manifestations furent donc officiellement validées.

La sacristie dans laquelle les manifestations eurent lieu fut transformée en Chapelle dédiée aux faveurs pour les âmes du Purgatoire, et plus spécifiquement pour celles des prêtres décédés. Elle fut bénie le 25 février 1924 et reste à ce jour un lieu important de charité fervente en faveur des âmes en souffrance.

Une Confrérie des Âmes du Purgatoire fut fondée, majoritairement en faveur des âmes des Prêtres.

Le 8 octobre 1943: Jésus

Jésus Dit:

« **M**a miséricorde est si infinie qu'elle opère des prodiges, dont vous ne verrez la force et la forme que dans l'autre vie, pour gagner le plus grand nombre d'âmes à la résurrection de la chair dans le Christ.

Je ne veux pas que vous, qui êtes marqués de Mon Nom, mouriez pour l'éternité. Je veux vous ressusciter. Je suis mort pour pouvoir vous ressusciter. J'ai pressé Mon Sang de Mes chairs comme on presse une grappe pour pouvoir vous ressusciter. Les gouttes de Mon Sang sont en vous et elles aspirent ardemment à retourner au cœur dont elles sont issues.

Je répète ce que J'ai dit hier. Ils sont peu nombreux ceux à qui Mon Sang ne communique pas ce minimum de mérite, non par faute du Sang, mais de la correspondance de leur part à Mon Sang qui peut les sauver. Les Judas ne constituent pas la masse, car souvent, après une vie infâme vécue dans un corps qui tient l'âme en esclavage, celle-ci triomphe sur la matière: à l'heure extrême, au seuil de la mort qui délivre l'esprit de la chair, l'âme se tourne vers Dieu dont elle a conservé le souvenir et se réfugie en Lui.

Et croyez-Moi: il suffit en vérité d'une palpitation d'amour, de confiance et de repentir pour faire en sorte que l'eau sacrée de Mes mérites descende laver le pécheur et lui apporte le salut.

Ma justice n'est pas la vôtre, et Ma pitié est bien différente de la vôtre.

Quand on verra le nombre de ceux que Mon amour tout miséricorde aura sauvés, tous les esprits vivant dans son Royaume proclameront les vertus de l'Agneau d'une voix jubilante. Car vous êtes ceux que l'Agneau a sauvés en se faisant immoler pour vous. Et si ceux qui ont toujours vécu en Lui et de Lui, au point de ne pas connaître la sensualité, le suivent en chantant le chant qu'ils sont seuls à connaître, ceux que la miséricorde a sauvés à la dernière heure terrestre le béniront éternellement, prostrés en adoration d'amour, car Il est pour eux doublement sauveur. Sauveur de justice et sauveur d'amour. Pour la justice, Il est mort pour vous purifier dans Son Sang. Pour l'amour, Il vous donne Son cœur ouvert pour vous accueillir, encore tachés de fautes, et vous purifier dans l'incendie de Son amour lorsque, en mourant, vous l'appelez, lui qui vous aime et vous promet un Royaume.»

Le 9 Octobre 1943: Jésus

1h du matin

Jésus Dit:

« Ne vous attristez donc pas, vous tous qui pleurez. Ayez confiance en Moi et confiez-Moi le sort de vos êtres chers.

Le temps de cette terre est bref, Mes enfants. Bientôt, Je vous appellerai là où la vie dure. Soyez donc saints pour obtenir la vie éternelle, là où déjà vous attendent vos êtres chers ou où ils vous rejoindront après avoir purgé leur peine.

Votre séparation actuelle est brève comme heure qui passe. Après vient la réunification des esprits dans la Lumière et puis, la résurrection bienheureuse, grâce à laquelle vous jouirez, non seulement de l'union avec ceux que vous aimez, mais aussi de la vision de ces visages qui vous sont chers et dont la disparition vous fait pleurer comme si on vous avait volé votre joyau le plus cher.

Rien n'est changé, mes enfants. La mort ne vous sépare pas si vous vivez dans le Seigneur. Celui qui est allé au-delà de la vie terrestre n'est pas séparé de vous. Il ne peut l'être puisqu'il vit en Moi comme vous vivez. Seulement, pour apporter une comparaison humaine, il s'est élevé des membres inférieurs à des parties plus

hautes et nobles, et il vous aime donc avec plus de
perfection parce qu'il est encore plus uni à Moi et il tire
sa perfection de Moi. Seuls les damnés sont 'morts'. Eux
seuls. Mais les autres 'vivent'.

Ils vivent, Maria. Comprends-tu? Ils vivent. Ne pleure
pas[32]. Prie. Je viendrai bientôt.

Comme le soir tombe, l'ouvrier se hâte de terminer sa
journée pour aller ensuite content à son repos, après
avoir eu une juste rétribution pour son travail. Lorsque
pour une créature tombe le soir de sa vie sur terre, il
faut aussi qu'elle se hâte de finir son travail pour mettre
les dernières touches à l'œuvre Presque terminée.
Et les mettre avec joie, en pensant au repos qui est
proche après tant de labeur et à la rétribution qui sera
généreuse parce que le travail fut grand.

Je suis un Maître qui rétribue bien. Je suis un Père qui
t'attend pour te récompenser. Je suis celui qui t'aime et
qui t'a toujours aimée et qui t'aimera toujours. Pas une
de tes larmes ne m'est inconnue et pas une ne restera
sans récompense. Tiens-toi toujours plus en Moi et ne
crains pas. Ne crains pas que Je te laisse seule. Même
quand Je ne parle pas, Je suis avec toi.

Toi, seule? Oh! Ne dis pas cela! Ton Jésus est avec
toi, et là où est Jésus est tout le paradis. Tu n'est pas
seule. Marie n'était pas seule dans sa petite maison de
Nazareth. Les anges entouraient sa solitude humaine.
Toi, Maria, tu n'es pas seule. Tu m'as pour Père, tu as
Marie pour Mère, tu as mes saints pour frères et les
anges pour amis. Celui qui vit en Moi a tout, Ma fille.

Je ne te dis pas: 'Ne pleure pas'. J'ai pleuré, moi aussi

---

32   Pour la mort de sa mère

et Marie a pleuré. Mais Je te dis: 'Ne pleure pas de ces pleurs humains qui sont la négation de la foi et de l'espérance. Ne pleure jamais comme cela'. Aie foi, non seulement dans les grandes choses de la Foi, mais aussi dans mes paroles secrètes. Elles sont de moi, tu peux en être certaine. Et aie espoir en mes promesses. Quand Je viendrai te donner la Vie, tu verras que tu n'as pas perdu ceux que tu as pleurés. C'est celui qui meurt sans Jésus dans son cœur qui est perdu.

Reste en Jésus. Tu trouveras en Lui tout ce que tu désires. J'essuierai pour toujours chaque larme de tes yeux, comme Je soulage maintenant chacune de tes douleurs, que Je ne peux pas t'éviter puisque c'est utile à la gloire de ton Dieu et à la tienne.

L'hiver de la vie passe vite, Ma colombe, et quand viendra le printemps éternel, Je viendrai te couronner de fleurs et Je t'enlèverai les épines que tu portas par amour pour Moi.»

Le 9 Octobre 1943: Jésus

à la fin de la matinée et après ma terrible crise et la Communion

Jésus Dit:

« Il y a ceux qui viennent à Moi par un destin ordinaire et ceux qui sont prédestinés à quelque chose de spécial dans Mon service. Parmi ceux qui sont prédestinés, il y a ceux qui vécurent en anges dès leur naissance et il y a ceux qui devinrent des anges, par amour, après avoir été des humains. Mais ils sont également prédestinés à être des étoiles qui illuminent la vie de leurs frères et sœurs, lesquels cheminent et qui ont tant besoin de lumière pour cheminer.

Je suis la Lumière. Une Lumière très puissante. Et Je devrais suffire à guider les peuples sur le chemin qui mène au Ciel. Mais les êtres humains, dont les yeux sont baissés sur la boue, ne supportent plus la Lumière absolue. Ils ne peuvent plus l'accueillir, car il manque en eux l'exercice spirituel de l'esprit tourné vers Dieu et la confiance en Dieu.

Les humains misérables sont, ou bien séparés de Moi, et alors ils ne Me regardent pas parce qu'ils ne pensent pas à Moi, ou bien écrasés par leur petite mentalité qui ne leur fait voir Dieu ou penser à Dieu que par rapport à eux. Ils disent donc, non pas humblement, mais seulement lâchement: 'Je suis trop différent de ce que Dieu veut que l'être humain soit, et Je ne peux lever les yeux vers Dieu'.

Oh! Sots et aveugles! Mais est-ce que les gens en bonne santé consultent un médecin? Est-ce que les riches vont voir un bienfaiteur? Non. Ce sont les malades et les pauvres qui ont recours à ceux qui peuvent les aider. Et vous êtes pauvres et malades et Je suis le Seigneur et votre Médecin.

Je le dis en vain. Vous avez peur de Moi. Vous n'avez pas peur de pécher et d'épouser Satan, mais vous avez peur de Me regarder et de vous approcher de Moi.

Et alors, pour que vous ne mouriez pas hors de Ma vie, Je vous donne les étoiles à la douce lumière, lesquelles ne sont rien d'autre qu'une émanation de Moi, une partie de Moi qui vient à vous de façon à ce que vous n'en éprouviez pas une stupide terreur. Moi, Soleil éternel, Je pénètre de Ma personne Mes prédestinés, et ils rayonnent parmi vous de Ma Lumière et dégagent des courants d'attraction spirituelle pour vous attirer à Moi qui vous attends aux portes des Cieux.

Malheur à la terre si le jour venait où l'œil de Dieu ne pouvait plus choisir parmi les enfants des humains les êtres prédestinés à devenir les porteurs de Ma Lumière et de Ma Voix! Malheur! Cela voudrait dire que parmi les milliards d'humains, il n'y aurait plus un juste ou un généreux, puisque les prédestinés se trouvent parmi les justes qui jamais n'offensèrent la Justice et les généreux qui ont tout surmonté, en commençant par eux-mêmes, pour Me servir.

De La Réincarnation

Tu es parmi ces derniers, Ma petite créature qui vis d'amour. Tu es parmi ces derniers. Après beaucoup de tourments, tu as compris que Moi seul pouvais être pour toi ce que ton âme voulait, et tu es venue. Mais Je t'avais choisie avant que tu ne fusses pour être la voix de la voix de Jésus-Maître.

J'ai attendu ce moment, Maria, avec le cœur d'un père et d'un époux; Je t'ai couvée de Mes regards, en attendant patiemment l'heure de te dire Ma volonté et Ma parole. Rien ne M'était inconnu de ce que tu ferais de moins bien, mais aussi rien de ce que tu oserais du moment où tu te jetterais dans le courant de l'amour. Tu diras: 'Tu t'es manifesté tard, ô Seigneur'. Tard. J'aurais voulu que ce fût bien avant, ma fille, mais J'ai dû te travailler comme l'orfèvre travaille l'or brut. Je t'ai formée deux fois. Dans le sein de ta mère pour te donner au monde, et puis dans Mon sein pour te donner au Ciel et faire de toi une porteuse de Ma Lumière en ce monde. Je savais quand tu viendrais et à quel moment tu serais mûre pour servir. Dieu n'est pas pressé, car Dieu sait tout de la vie de ses enfants.

L'heure est venue où tu n'es plus une femme, mais seulement une âme de ton Seigneur, un instrument, comme tu as dit. Et quand tu l'écrivais, tu ne savais pas que Mon amour se serait servi de toi ainsi après tant d'années d'épreuve. Et maintenant va, agis, parle selon Mon désir. Je ne dis pas selon Mon commandement. Je dis 'désir', car on commande à un sujet et on demande à un ami, et tu es mon amie.

Et n'aie pas peur. De rien et de personne. Ni les forces de la terre, ni les forces de l'enfer ne pourront te nuire, car tu es avec Moi. Ce que tu dis n'est pas ta parole; c'est Ma parole que Je mets sur tes lèvres pour que tu la redises aux sourds de la terre. Ce que tu fais est Ma force que Je te donne pour ceux qui se meurent d'inanition de l'esprit.

Tu n'es plus la pauvre Maria, une femme faible, malade, seule, inconnue, sujette aux embûches. Tu es Ma disciple bien-aimée et Je te jure que, même si le monde entier se soulevait pour te faire la guerre, il ne pourrait t'enlever ce que Je t'ai donné, car Je suis avec toi.

Tu as bien compris. Le Nord, ce sont les peuples qui envahissent ou tentent d'envahir la terre chrétienne par excellence, celle où se trouve Rome, siège de mon Église. Punition méritée par les prévaricateurs qui ont incliné la tête, marquée de Mon signe, devant les idoles des puissances étrangères trompeuses, lesquelles sont maintenant les premières à vous apporter du tourment.

C'est un moment de souffrance pour les justes. Mais ce n'est pas Moi qui l'ai voulu. Faites que la souffrance ait des limites. Faites-le en revenant à Moi.

Si les quatre puissances du Nord en venaient à s'allier contre vous en un horrible complot de forces des ténèbres, la lumière s'éteindrait sur votre sol et le sang des martyrs redeviendrait frais grâce au sang nouveau qui coulerait sur lui.

Il faut beaucoup, beaucoup, beaucoup prier, fille de Mon amour. Je ne peux plus te demander de sacrifier d'autres affections puisque tu es nue comme Moi sur la croix. Mais si c'était possible, Je te demanderais beaucoup d'autres sacrifices à cette fin. Je t'aiderai; mais Je te préviens que, puisque J'ai besoin de larmes pour verser l'eau lustrale sur l'Italie souillée, Je rendrai âpre ta peine, pour qu'elle vaille pour beaucoup de deuils et beaucoup de pardons de Dieu à l'Italie.

Dis avec moi: 'Seigneur, afin de préserver l'Italie de nouveaux malheurs, et surtout des malheurs de l'esprit, j'accepte de boire le calice de la douleur. Reste avec moi, Seigneur, pendant que je consomme ma passion de petite rédemptrice', et je resterai toujours avec toi jusqu'à ce que vienne l'heure de t'amener là où la passion cesse et commence la glorieuse résurrection en moi.»

www.ingramcontent.com/pod-product-compliance
Lightning Source LLC
Chambersburg PA
CBHW070622050426
42450CB00011B/3106